Ich Kraft

Impressum:
ISBN: 978-3-903113-01-5

echo medienhaus ges.m.b.h.
Produktion: Ilse Helmreich
Fotos: Petra Kamenar
Illustrationen: shutterstock
Layout: Elisabeth Waidhofer
Lektorat: Regina Moshammer
Herstellungsort: Wien

Besuchen Sie uns im Internet:
www.echomedia-buch.at

Ich Kraft

Genial einfaches Selbstcoaching für ein gesundes und glückliches Leben

*

Daniela Zeller

echomedia
BUCHVERLAG

INHALT

INHALT

INHALT

GRUSS VON DANIELA

Hättest du gerne mehr Selbstvertrauen, um die unterschiedlichsten Situationen deines Lebens souveräner zu meistern? Wärst du gerne liebevoller mit dir und freundlicher im Umgang mit deinen Mitmenschen? Sehnst du dich danach, mehr Zeit für dich und die Menschen, die dir am Herzen liegen, zu haben, und danach, die alltäglichen Dinge gelassener erledigen zu können? Möchtest du dein Leben gerne bewusster erleben und deine Lebenszeit sinnvoller nutzen? Wünschst du dir ein besseres Körpergefühl? Würdest du dich gerne lebendiger, präsenter, gesünder, zufriedener, beweglicher und selbstbewusster fühlen und würdest du gerne auch so aussehen? Das alles kannst du erreichen. Nimm dir 42 Tage Zeit, um deine Beziehung zu dir neu zu entdecken und deine Ich Kraft zu stärken – alles Weitere folgt dann von allein.
Das Übungssystem aus Atem, Bewegung, Stimme, Mentalcoaching und Ernährung hat mein Leben unglaublich bereichert und vieles zum Positiven verändert.
Ich bin sicher, dass es das auch bei dir bewirken kann.
Ich arbeite mit den Übungen, die ich dir in diesem Buch vorstelle, zum Teil seit über zwanzig Jahren. Als ich mich vor einigen Jahren in einer emotional sehr herausfordernden Situation befand, habe ich begonnen, diese systematisch anzuwenden. Ich habe mir ganz bewusst 42 Tage lang Zeit gegeben, um zu trauern, loszulassen, Kraft zu schöpfen und zu meiner Mitte zurückzufinden, um danach gestärkt weitergehen zu können. Diese Zeit habe ich „42 Tage voller Wunder" genannt, weil ich mich bewusst öffnen wollte für die kleineren und größeren Wunder, die ständig passieren und die jeden einzelnen Tag unseres Lebens zu einem wertvollen machen – wenn wir sie wahrnehmen und ihnen Aufmerksamkeit schenken.
Mein Übungsprogramm hat funktioniert, ich bin mir in den „42 Tagen voller Wunder" selbst zu einer guten Freundin geworden und fühlte mich danach so lebendig wie nie zuvor. Also habe ich beschlossen, das Programm weiterzuentwickeln und an andere weiterzugeben. Daraus ist schließlich dieses Buch entstanden.
Ich Kraft ist der Schlüssel zu Selbstbewusstsein, Präsenz und Lebensfreude. Es ist nämlich oft gar nicht so wichtig, was rund um einen passiert. Entscheidend ist, wie man mit sich selbst und den Gegebenheiten umgeht.

Daniela

ICH KRAFT

Leben ist Veränderung. Die äußeren Umstände verändern sich ständig, Hindernisse tauchen auf und stellen sich einem in den Weg. Manche Änderungen führen wir selbst herbei, andere passieren ganz einfach, und wir müssen loslassen und die Gegebenheiten akzeptieren. Menschen kommen in unser Leben und verlassen uns wieder, andere begleiten uns ein längeres Stück des Weges, wieder andere bleiben für immer. Eines aber ist wirklich sicher: Man hat immer sich selbst. Die wichtigste Beziehung, die du hast, ist die Beziehung zu dir. Ist diese Beziehung stark und liebevoll, werden alle anderen Beziehungen ebenfalls funktionieren.

Ich Kraft bedeutet, sich selbst die beste Freundin oder der beste Freund zu sein und eine gute Verbindung zu sich zu haben, unabhängig davon, was im Außen passiert. Die Verantwortung für das eigene Handeln zu übernehmen und aus jeder Situation das Beste zu machen, anstatt in die Opferrolle zu schlüpfen. Daran zu glauben, dass das in diesem Moment Schrecklichste sich als das Beste für dich herausstellen kann. Ich Kraft ist innere Stärke und Lebensfreude: die Basis für Freiheit, Erfolg und Liebe.

Wie bei allen anderen Menschen ist auch mein Leben ein permanentes Auf und Ab. An dem einen Tag ist alles großartig, am nächsten glaube ich, die Welt geht unter. Zum Glück habe ich schon als Kind damit begonnen, über meine Beziehung zu mir nachzudenken und sie immer wieder neu zu festigen. Auch wusste ich bereits recht früh über mich Bescheid und hatte ein konkretes Bild davon, wie ich als erwachsene Frau sein wollte: eigenständig, unabhängig, selbstbestimmt. Trotzdem habe ich mich zeitweise ganz schön weit weg von dieser Vorstellung und von mir selbst entfernt. So, als hätte ich Urlaub von mir genommen. In diesen Phasen war ich unsicher, unruhig, oft krank und bedürftig. Vielleicht kennst du das auch: Immer dann, wenn man den Kontakt zu sich verliert und sich selbst nicht mehr als zuverlässige Freundin oder treuer Freund zur Verfügung steht, beginnt man, im Außen nach etwas oder jemandem zu suchen, um diesen Mangel aufzufüllen. Was natürlich nicht funktioniert. Kein Mensch kann einem geben, was man sich selbst nicht gibt!

WAS IMMER
DU TUN KANNST
ODER
ERTRÄUMST
ZU KÖNNEN,

BEGINNE
ES!

Johann Wolfgang von Goethe

Bevor es losgeht:

SO NUTZT DU DIESES BUCH AM BESTEN

Vielleicht bist du gerade an einem Punkt in deinem Leben angelangt, an dem du dir mehr Klarheit über eine bestimmte Sache wünschst. Vielleicht möchtest du etwas verändern und bist noch nicht sicher, ob und wie du es anstellen sollst. Vielleicht stehst du vor einer wichtigen Entscheidung. Meine Erfahrung hat gezeigt, dass es wenig Sinn macht, eine Entscheidung „herbeizudenken". Manche Dinge müssen wachsen, und wenn die Zeit reif ist, weiß man plötzlich ganz genau, was zu tun ist. Alles, was du zu diesem Prozess aktiv beitragen kannst, ist, dir selbst näherzukommen und dich selbst bewusst zu beobachten – deine Ich Kraft zu stärken. Gib dir sechs Wochen Zeit, um herauszufinden, wohin die Reise gehen soll. 42 Tage sind eine gute Zeitspanne, um Dinge entstehen und wachsen zu lassen und dich selbst zu stärken.

Dieses Buch beinhaltet ein sechswöchiges Übungsprogramm zur Entwicklung deiner Ich Kraft. Während der 42 Tage hast du die Möglichkeit, dich intensiv mit dir und deinen ureigenen Ressourcen auseinanderzusetzen und dabei den Raum zu kreieren, der es kleineren und größeren Wundern möglich macht, zu geschehen.

Atem, Körper, Gedanken, Emotionen und Stimme
Alles ist miteinander verbunden

Die Stärkung der Ich Kraft besteht aus drei Teilen:
äußere Haltung
(Bewegung und Ernährung),
innere Haltung
(Gedanken und Emotionen)
und Ausdruck
(Stimme und Kommunikation).

Der Atem wirkt auf die Entfaltung und Weiterentwicklung all dieser Komponenten. Viele, oft chronische, Erkrankungen hängen damit zusammen, dass der Mensch zu viel Stress über eine zu lange Zeit erträgt und dabei verlernt, sich zwischendurch immer wieder zu entspannen. Dadurch entsteht ein Ungleichgewicht, welches sich körperlich über den Muskeltonus, die Organe und die Hormone und emotional in Form von Unruhe, Ängsten, Nervosität oder Traurigkeit zu erkennen gibt. Indem man die Atmung reguliert, findet man in die Achtsamkeit gegenüber sich selbst zurück, was einem die Möglichkeit eröffnet, wieder ins Gleichgewicht zurückzukommen. Die Arbeit mit dem Atem kann heilend wirken und sorgt außerdem dafür, dass wir in der Lage sind, unsere Gedanken und Anliegen mit einer starken Stimme zu äußern, denn die Qualität der Stimme wird durch die Qualität des Atems bestimmt. Der Atem reagiert auf alles, was wir erleben. Jede Situation im Alltag sowie unsere innere und äußere Haltung beeinflussen die Art und Weise, wie wir atmen. Atmen ist ein ganzheitlicher Prozess, der Atem spiegelt unser körperliches, emotionales und geistiges Geschehen wider. Wird der Atem lebendiger und kraftvoller, indem wir ihn mithilfe von Übungen aus fixierten Mustern lösen, wird sich auch unsere körperliche, emotionale und geistige Verfassung maßgeblich verändern und verbessern.

Atemräume und ihre Wirkungsweisen

Das System der Atemräume ist die Grundlage für die Atem-Bewegung-Stimme-Übungssequenzen in diesem Buch.

Was aber sind „Atemräume"? Beim Einatmen dehnen sich die Körperwände aus. Die Bauchdecke hebt sich, die Flanken und die Zwischenrippenmuskeln dehnen sich zur Seite hin aus. Es entsteht das Gefühl von innerer Weite, die man als „Atemraum" bezeichnet. Es gibt drei Atemräume: den unteren, den mittleren und den oberen. Durch die Arbeit am jeweiligen Atemraum werden unterschiedliche Ressourcen gefördert und gestärkt – auf körperlicher, mentaler und emotionaler Ebene. Diese Ressourcen sind für uns selbst spürbar und

DU
WIRST, WAS
DU
DENKS

Mahatma Gandhi

auch für die anderen. Es wirkt nach außen, was in uns ist!
Der untere Atemraum reicht von den Fußsohlen bis zum Bauchnabel. Dazu gehören die Füße und Beine, das Becken und der untere Bauchraum. Ressourcen, die durch die Arbeit am unteren Atemraum entstehen: Urvertrauen, Standfestigkeit, Selbstständigkeit, Stellkraft, Widerstandskraft, Antriebskraft, Dynamik, Spontanität, Sexualität, Lebenskraft. Der untere Atemraum entsteht, wenn wir in den Bauch atmen.
Der mittlere Atemraum reicht vom Nabel bis zur Brustbeinspitze. Ressourcen, die durch die Arbeit am mittleren Atemraum entstehen: Ruhe, Sicherheit, Gelassenheit, Gleichgewicht, Substanz, innere Stärke, Selbstwert, Zentrierung, das Gefühl von „In-der-Mitte-Sein".
Der mittlere Atemraum wird durch die Flankenatmung aktiviert.
Der obere Atemraum beginnt bei der Brustbeinspitze und umfasst Schultern, Arme, Hände, Hals und Kopf. Ressourcen, die durch die Arbeit am oberen Atemraum entstehen: Weite, Offenheit, Wachheit, Freiheit, Kontaktfähigkeit, Weitsicht, Handlungsfreude, Kommunikationsfähigkeit, Resonanz, Liebesfähigkeit, Weichheit. Der obere Atemraum entsteht durch die Brustatmung.

Die Kunst der Aufmerksamkeit

Übe mit Anfängergeist! Der Begriff „Anfängergeist" kommt aus dem Zen-Buddhismus und bedeutet, dass man alles, was man tut, so ausführt, als wäre es das erste Mal: achtsam, unvoreingenommen und neugierig.
Jede Übungsabfolge beginnt mit der sogenannten „Körperreise". Diese dient dazu, in den Zustand der „Sammlung" zu kommen, in welchem du deine Aufmerksamkeit ausschließlich dir und dem gegenwärtigen Moment zuwendest, du also voll und ganz anwesend bist. Fakt ist: Handeln wir „aus unserer Mitte heraus", agieren wir kraftvoller und treffen die besseren Entscheidungen. Das „Sichsammeln" beim Üben wird dir dabei helfen, dich auch im Alltag schneller zu zentrieren. Wir werden eins mit den Dingen, mit denen wir uns beschäftigen, daher sollten wir uns und unsere Reaktionen immer gut beobachten. Die Achtsamkeit, mit der du die Übungen ausführst, wird dich dabei unterstützen, im Alltag zwischen Menschen und Situationen, die dich schwächen, und jenen, die dich stärker machen, zu unterscheiden.

Präsenz und Zufriedenheit

Die Präsenz beim Üben stärkt deine Präsenz im Leben.
Vor vielen Jahren hat mir ein spiritueller Lehrer folgende Geschichte erzählt:
Es kamen ein paar Suchende zu einem alten Zenmeister. „Herr", fragten sie, „was tust du, um glücklich und zufrieden zu sein? Wir wären auch gerne so glücklich wie du." Der Alte lächelte milde und antwortete: „Wenn ich liege, dann liege ich. Wenn ich aufstehe, dann stehe ich auf. Wenn ich gehe, dann gehe ich, und wenn ich esse, dann esse ich." Die Fragenden schauten betreten. Einer wagte den Einwand: „Bitte treibe keinen Spott mit uns. Was du sagst, tun wir auch. Aber wir sind nicht glücklich. Was ist also dein Geheimnis?" Es kam die gleiche Antwort: „Wenn ich liege, dann liege ich. Wenn ich aufstehe, dann stehe ich auf. Wenn ich gehe, dann gehe ich, und wenn ich esse, dann esse ich." Die Unruhe und den Unmut der Suchenden spürend, fügte der Meister nach einer Weile hinzu: „Sicher liegt auch ihr und ihr geht auch und ihr esst. Aber während ihr liegt, denkt ihr schon ans Aufstehen. Während ihr aufsteht, überlegt ihr, wohin ihr geht, und während ihr geht, fragt ihr euch, was ihr essen werdet. So sind eure Gedanken ständig woanders und nicht da, wo ihr gerade seid. In diesem Schnittpunkt zwischen Vergangenheit und Zukunft findet das eigentliche Leben statt. Lasst euch auf diesen nicht messbaren Augenblick ganz ein und ihr habt die Chance, wirklich glücklich und zufrieden zu sein."
Verbinden wir uns mit unserem Atem, sind wir augenblicklich und zu hundert Prozent im Hier und Jetzt. Du wünschst dir Glück und Zufriedenheit? Denk daran: Du bist immer nur einen Atemzug davon entfernt.

Atemweisen

Es gibt drei unterschiedliche Atemweisen:
1) Der autonome Atem:
Egal, was wir gerade tun und wo wir uns gerade befinden: Der Atem fließt frei und wir nehmen ihn nicht wahr, weil wir uns auf andere Tätigkeiten konzentrieren oder schlafen. Er reagiert sensibel und unmittelbar auf alle äußeren und inneren Einflüsse und versorgt uns mit genau der Menge an Sauerstoff, die wir gerade benötigen (beim Ausruhen weniger, beim Singen oder beim Sport mehr).
2) Der willentlich geführte Atem:
Hier dient der Atem einem bestimmten Zweck und wird zum Beispiel beim

Sport, Yoga, Pilates, Singen oder Blasinstrumentspielen eingesetzt. Der willentlich geführte Atem wird vom Denken, von unserem Willen, geleitet.
3) Der bewusst zugelassene Atem oder erfahrbare Atem: Der Atem fließt frei und wir nehmen ihn bewusst wahr. Er wird nicht willentlich beeinflusst, sondern indirekt. Das bedeutet, durch körperliche Übungen wird er angeregt oder beruhigt und aus fixierten Mustern gelöst. Das Ziel unseres Übens ist, dass der Atem auch dann wieder frei und kraftvoll ist, wenn er autonom fließt und wir ihn nicht beachten. Aus diesem Grund werden die Übungen in diesem Buch im bewusst zugelassenen Atem geübt, denn der Körper „merkt" sich, wie freies Atmen funktioniert, und atmet schließlich beim Sprechen, Kochen, Spazierengehen und Arbeiten tief und gelöst. Der Weg vom freien, bewusst zugelassenen Atem zum autonomen ist kürzer, als es der Weg vom willentlich geführten zum autonomen wäre.
Setze dich beim Üben nicht unter Erwartungsdruck und überfordere dich nicht! Geh immer nur so weit, wie es leichtfällt. Sollte eine Wirkung nicht sofort spürbar sein, sei geduldig und lass dir Zeit. Übe weiter und bleibe dabei gut mit dir in Kontakt, dann kommt alles Weitere von allein.

Übungssequenzen
für Atem – Bewegung – Stimme

In jeder der kommenden sechs Wochen fokussieren wir auf ein bestimmtes Thema: Vertrauen, Inspiration, Balance, Mut, Fülle und Hingabe. Für jede Woche habe ich zwei Übungssequenzen entworfen, deren Wirkungsweisen auf das jeweilige Wochenthema abgestimmt sind. Du kannst täglich zwischen den beiden wählen und eine Sequenz üben. Probiere beide einmal aus: Vielleicht möchtest du sie abwechselnd üben oder du bleibst bei einer, die du für den Rest der Woche übst – es ist deine Wahl. Wichtig ist nur, dass du dir in den 42 Tagen konsequent jeden Tag ungefähr dreißig Minuten Zeit nimmst, um zu üben. Nur so stellen sich die gewünschten Wirkungen ein.

Kleidung und Utensilien

Achte darauf, dass du beim Üben ungestört bist, und schalte dein Handy aus. Für die Übungen im Sitzen brauchst du einen Stuhl ohne Armlehnen oder einen Hocker, auf dem du so sitzen kannst, dass die Oberschenkel vom Becken zu den Knien hin leicht abfallen.
Trage bequeme Kleidung, in der du dich gut bewegen kannst. Es ist besser, ohne Schuhe zu üben, damit du guten Kontakt zum Boden hast. Vielleicht möchtest du warme Socken anziehen.

Die Übungen als Video

Alle Übungssequenzen kannst du dir auch auf Videos, in denen ich die Übungen vorzeige, ansehen. Neben der jeweiligen Beschreibung der Übungen im Buch findest du einen QR-Code. Diese Codes lassen sich mit Smartphone und Tablet-PC mithilfe einer kostenfreien App lesen. Starte die App und richte die Kamera des Smartphones oder Tablets auf den QR-Code. Sobald der Code erkannt wurde, zeigt dir die App an, welche Information hinter dem Code steckt, und führt dich zum jeweiligen Video.

Die optimale Körperhaltung beim Üben

Die Muskelspannung hat großen Einfluss auf den Atem. Der optimale Tonus, die Wohlspannng, führt zu einem freien Atemfluss. Zur Förderung der Wohlspannung ist beim Üben die richtige Körperhaltung ausschlaggebend.
Im Sitzen: Setze dich aufrecht auf einen Hocker oder Sessel. Falls du auf einem Sessel sitzt: Bitte nicht mit dem Rücken anlehnen! Die Füße sollten immer guten Kontakt zum Boden haben. Die Bauchmuskulatur ist locker, die Schultern werden nicht hochgezogen, sondern senken sich entspannt. Lass sämtliche Gelenke (Sprunggelenke, Knie, Schultern, Ellbogen, Handgelenke) los.

Im Stehen: Die Füße stehen hüftknochenbreit und parallel und haben guten Bodenkontakt. Die Knie sind locker, damit sich der untere Bauch- und der Beckenraum besser öffnen können.
Die Bauchmuskeln sind entspannt, die Schultern ebenfalls. Arme und Hände sind locker. Nacken- und Kiefermuskulatur sind entspannt, der Kopf ist aufgerichtet, der Blick geht gerade nach vorne.
Egal ob im Stehen oder im Sitzen: Achte auf deine Bauchmuskeln. Sie sollten während des Übens immer locker bleiben!

Klang – warum Töneerzeugen glücklich macht

Über die Stimme äußert sich die Seele. Mit ihr sprechen, schreien, krächzen oder flüstern wir. Wer tönt oder singt, lebt außerdem gesünder. Um tönen zu können, brauchen wir Lunge, Kehle, Stimmlippen und die Resonanzräume des Körpers. Und einen freien, tiefen Atem. Atmen wir bis in den Bauch hinein, wird das Zwerchfell nach unten gezogen. Das Zwerchfell wiederum drückt die Lungenflügel nach unten, sodass viel Luft in die Lunge einströmen kann. Schon 10 bis 15 Minuten reichen, um das Herz-Kreislauf-System in Schwung zu bringen. Die Atmung intensiviert sich, der Körper wird besser mit Sauerstoff versorgt. Tönen kann auch Kopfschmerzen verschwinden lassen und stimmungsaufhellend wirken. Schon nach dreißig Minuten Singen produziert unser Gehirn erhöhte Anteile von Beta-Endorphinen, Serotonin und Noradrenalin. Am Schluss jeder Atem-Bewegung-Stimme-Sequenz in diesem Buch werden daher unterschiedliche Vokale getönt. Es geht dabei nicht darum, einen „schönen" Ton zu erzeugen oder besonders laut zu tönen. Lass Atem und Stimme frei und beobachte, wie es sich anfühlt!

Jeder Vokal hat eine bestimmte Wirkung, weshalb durchs Tönen die emotionale Entwicklung gefördert wird. Das U hat seinen Ursprung im Unterbauch, es wirkt erdend. Das Ö sitzt in der Kehle und wirkt stimmungsaufhellend. Durch das Tönen des Ü spürt man einen Strom von oben nach unten und von unten nach oben, denn es sitzt als Röhre an der Innenseite der Wirbelsäule. Das Ü fördert das Gefühl von Erregung und das Hochgefühl. Das O befindet sich in der Mitte des Körpers und wirkt zentrierend. Das E entfaltet sich aus der Körpermitte heraus ellipsenförmig nach außen und verbindet uns mit der Außenwelt. Das I befindet sich im oberen Schultergürtel sowie im Hals-Kopf-Bereich und macht wach und aufnahmefähig. Das Ä entspricht dem Inneren der Rumpfwände und stärkt körperlich. Der A-Raum umfasst den ganzen Körper im Abstand von etwa 30 Zentimetern – vorne, hinten, an den Seiten, über dem Kopf und unter den Füßen. Das A stärkt und erfrischt und schafft eine Verbindung zu eigenen und äußeren Kräften.

Nachspüren

Ein wichtiges Element unserer Arbeit ist das Nachspüren. Das bedeutet, dass du nach einer Übung nicht nahtlos in die nächste übergehst, sondern dass du dir einige Atemzüge lang Zeit nimmst, um nachzuspüren und dabei deinen Körper,

den Muskeltonus, deine Gedanken und Emotionen sowie deinen Atem wahrzunehmen. Im Üben spiegelt sich das Leben wider: Es braucht das Tun und das Lassen; die Aktivität und die Pause. Das Große und Kraftvolle entspringt dem Zarten und Stillen, davon bin ich mittlerweile überzeugt.
Führe beim Nachspüren mit dir selbst einen Dialog und frage dich: Wie nehme ich meinen Körper in diesem Moment wahr? Fällt mir die Aufrichtung leicht oder schwer? Wie wirkt die praktizierte Übung auf meinen Körper? Was ist anders als vorher? Ist mehr Beweglichkeit entstanden? Ist mehr Durchlässigkeit entstanden? Haben die Füße besseren Bodenkontakt? Ist körperlich und/oder gedanklich mehr Raum und Weite vorhanden? Fühlt sich der gearbeitete Bereich lebendiger an? Fühlt sich der gearbeitete Bereich wärmer und besser durchblutet an? Welche Gedanken gehen mir in diesem Moment durch den Kopf? Welche Gefühle tauchen auf? Hat sich die Stimmung verändert? Ist das Gefühl von zum Beispiel Fröhlichkeit, Selbstvertrauen, Ruhe, Sicherheit, Gelassenheit, Zentriertheit, Lebendigkeit entstanden? Wo und in welcher Intensität kann ich meinen Atem wahrnehmen? Hat sich die Qualität des Atems verändert? Hat er sich zum Beispiel beruhigt, belebt oder vertieft? Kann der Atem freier fließen als zuvor? Ist eine Atempause entstanden, bzw. ist diese länger oder kürzer geworden?

Mentalübungen für deine Ich Kraft

Die Mentalübungen in diesem Buch unterstützen dich dabei, spielerisch erste Veränderungen und Weiterentwicklungen anzustoßen. Mal geht es darum, jeden Tag mutig zu sein, mal wirst du aufgefordert, etwas auszuprobieren, das du noch nie zuvor getan hast. Du wirst dich mit deinen Ressourcen beschäftigen, eine Liste anfertigen mit Dingen, die dich in dein inneres Gleichgewicht bringen, und du wirst die Aufgabe erhalten, Dinge auszusortieren, die du nicht mehr brauchst. Ganz zum Schluss wirst du einen Brief an dich selbst schreiben. Manche der Übungen solltest du täglich ausführen, andere wiederum sind Wochenaufgaben, für die du dir einige Tage Zeit nehmen solltest.

Ernährung – Nahrung auf allen Ebenen

„Du bist, was du isst." Der Satz sagt im Grunde bereits alles. Was wir essen, hat großen Einfluss auf unser Körpergefühl und unsere Gesundheit. Da alles, was im Körper passiert, unseren Atem, unsere

innere und äußere Haltung und unsere Stimme beeinflusst, spielt die Ernährung bei der Stärkung der Ich Kraft eine große Rolle. Ausschlaggebend ist dabei meiner Meinung nach nicht, ob du dich vegetarisch, vegan oder mit Fleisch und Fisch ernährst, sondern, dass du die Signale, die dir dein Körper sendet, wahrnimmst, dass du deine Nahrung bewusst zu dir nimmst und frischen Lebensmitteln den Vorzug gibst. Das bedeutet das Weglassen von industriell verarbeiteten Lebensmitteln, raffiniertem (weißem) Zucker, raffiniertem Getreide und von Lebensmitteln mit hohem Salzgehalt. Achte beim Einkaufen auf die Inhaltsstoffe: Hat ein Lebensmittel viele davon und ist viel Zucker dabei – kaufe es nicht. Auch WIE du isst, ist entscheidend. Rituale rund ums Essen sind sehr wichtig. Betrachte, bevor du zu essen beginnst, die Speisen und genieße deren Farben und Duft. Kaue deine Nahrung gründlich! Dadurch erhältst du den besten Nährwert und das Gefühl, tatsächlich satt zu sein. So isst du automatisch weniger und exakt so viel, wie dein Körper benötigt. Ich hatte jahrelang mit gesundheitlichen Problemen zu kämpfen und habe dadurch begonnen, mich intensiv mit dem Thema „Ernährung" zu beschäftigen. Dass es mir heute sehr gut geht, habe ich unter anderem meinem neu gewonnenen Wissen zu verdanken – und dem Umstand, dass ich jetzt kochen kann und dies sehr oft und gerne mache!
Bei den Vorbereitungen zu diesem Buch habe ich überlegt, mit welchen Köchinnen und Köchen ich zusammenarbeiten könnte, um euch Rezepte vorzustellen, die dazu beitragen, die eigene Ich Kraft zu stärken. Dabei ist mir wieder eingefallen, wer mir von klein auf die Bedeutung und den Wert guter Nahrung nähergebracht hat und wer bis heute für mich die größte Künstlerin auf dem Gebiet des Kochens und des Backens ist: meine Mutter Maria Zeller. Sie hat jahrelang vier Kinder und einen Mann bekocht und weiß alles über dieses Thema. Der Großteil der Rezepte in diesem Buch stammt daher von meiner Mutter – und ich hoffe, die Gerichte schmecken dir genauso gut wie mir und meiner Familie. Einige Rezepte hat meine Freundin, die Yogalehrerin und Filmemacherin Gundi Lamprecht, beigesteuert. Sie teilt mein Interesse für Nahrungsmittel und deren Wirkung auf Körper, Geist und Seele. Unsere gemeinsamen Kochabende sind etwas Besonderes für mich, denn sie nähren mich auf all diesen drei Ebenen.

42 Tage voller Wunder – der Countdown

Um beim Üben einen Rahmen zu haben und um die Orientierung zu behalten, empfehle ich dir einen 42-Tage-Countdown. Besorge dir zum Beispiel ein Notizbuch oder einen Block und schreibe auf die erste Seite „42". Notiere am Abend, welche kleinen Wunder dir an diesem Tag widerfahren sind. Auf diese Art und Weise kannst du deine persönliche Weiterentwicklung und das Wachsen deiner Ich Kraft Tag für Tag beobachten. Die eigenen Gedanken und Gefühle aufzuschreiben ist außerdem ziemlich effektives Selbstcoaching. Zu notieren, was einen beschäftigt, was man sich erhofft und was man fühlt, dient der Selbstreflexion und unterstützt dich dabei, Klarheit über die Dinge zu erlangen.

Dankbarkeit

Ich Kraft entsteht, wenn du deine Gedanken auf das richtest, was du hast, und nicht ständig auf das, was dir fehlt. Eine hilfreiche Übung ist, sich jeden Abend vor dem Schlafengehen zu überlegen, wofür man dankbar sein kann. So entsteht ein Gefühl der Fülle – und Probleme erscheinen dir vielleicht nicht mehr ganz so übermächtig und groß. Lass den Tag vor deinem inneren Auge noch einmal Revue passieren. Überleg dir, wofür du heute und generell dankbar sein kannst. Ich bin sicher, es fällt dir eine Menge ein!

Du kannst deine Gedanken am Abend auch niederschreiben, wenn du möchtest.

Wer willst du sein?

Gibt es ein bestimmtes Thema, das dich gerade beschäftigt? Eine Situation, die dich herausfordert, einen Schmerz, den du zu bewältigen hast? Möchtest du eine wichtige Entscheidung treffen oder etwas beziehungsweise jemanden, loslassen?
Bevor du mit den „42 Tagen voller Wunder" beginnst, stell dir drei Fragen. Die Antworten darauf bringen Klarheit und können dir in den folgenden sechs Wochen als Leitfaden dienen:

- **Wovon möchtest du in deinem Leben mehr?**
- **Wovon möchtest du in deinem Leben weniger?**
- **Was soll bleiben, wie es ist?**

Du kannst dir diese drei Fragen auch in Hinblick auf Beziehungen mit anderen Menschen, auf die Beziehung zu dir selbst, auf deinen Beruf stellen. Wovon möchtest du in deiner Liebesbeziehung mehr? Wovon möchtest du im Job weniger? Was soll im Alltag so bleiben, wie es ist? Notiere deine Antworten und bewahre den Zettel gut auf, sodass du jederzeit einen Blick darauf werfen kannst, solltest du einmal den Fokus verlieren.

Eure
Nahrungsmittel
sollen eure
Heilmittel
und eure
Heilmittel
sollen eure
Nahrungsmittel
sein.

Hippokrates

Um zu **bekommen,** was du willst, musst du **loslassen,** was du nicht willst.

Unbekannter Verfasser

VERTRAUEN

Loslassen

„Um zu bekommen, was du willst, musst du loslassen, was du nicht willst." Diesen Satz habe ich vor kurzem auf einer Karte gelesen und ich finde: Er stimmt. Ich würde sogar noch einen Schritt weitergehen: Damit du sein kannst, wer du bist, musst du loslassen, was du nicht bist. Oftmals nehmen wir unseren Verstand zu Hilfe, wenn wir vor einer großen Entscheidung stehen. Das ist natürlich klug, da uns der Verstand dabei hilft, Fakten zu sammeln, einen Prozess zu Ende zu denken, zu analysieren und die Dinge abzuwägen. Wir Menschen bestehen aber nicht nur aus unserem Verstand allein. Letztendlich treffen unsere Gefühle die Entscheidung. Um mit unseren Gefühlen in Verbindung zu sein und mithilfe von ihnen über uns hinauswachsen zu können, braucht es einen Nährboden: Vertrauen. Vertrauen ist nämlich das Gegenteil von Angst. Handeln wir aus Angst heraus, werden wir vor großen Entscheidungen immer dem Verstand das letzte Wort überlassen. Ist die Basis für unser Handeln aber das Vertrauen, schaffen wir es, unseren Gefühlen zu glauben – und ihnen zu folgen. Vielleicht hast du schon einmal eine „vernünftige" Entscheidung getroffen, obwohl du ein „komisches Bauchgefühl" dabei hattest. Meine Erfahrung ist, dass die Entscheidungen, bei denen wir unser Bauchgefühl ignorieren, weil der Verstand scheinbar die besseren Argumente auf Lager hat, sich früher oder später als die falschen erweisen. Der Verstand neigt dazu, sich alles schönzureden, unsere Gefühle jedoch lassen sich nicht belügen und erzählen uns immer die Wahrheit. Manchmal sind wir einfach noch nicht so weit, diese Wahrheit zu ertragen, und folgen daher weiterhin brav unserem Verstand. Erst, wenn wir Vertrauen zu unserer inneren Weisheit gefasst haben, wird der Verstand verstummen und die Emotionen haben das Sagen.

Auf sich selbst zu vertrauen und darauf, dass sich im Leben immer neue Türen öffnen werden und dass etwas, das uns in diesem Moment als das Schrecklichste erscheint, vielleicht letztendlich das Beste für uns sein kann, ist der erste Schritt, wenn es darum geht, die Beziehung zu sich selbst zu stärken und an ICH KRAFT zu gewinnen.

Was es bedeutet, etwas loszulassen, habe ich im Jahr 2011 erfahren. Damals habe ich mein Leben komplett auf den Kopf gestellt: Ich habe meinen Job gekündigt und mich selbstständig gemacht und ich habe mich von meinem langjährigen Freund getrennt. Der Schritt war wichtig, denn er war die einzige Möglichkeit, die Frau zu sein, die ich sein möchte, aber er war nicht einfach. Bereits mit 23 hatte ich den Job, der damals mein absoluter Traum war: Ich war Teil des Moderatorenteams des Ö3-Weckers, der größten Morgenshow des Landes. Über Nacht war ich plötzlich so etwas wie eine öffentliche Person. Ich hatte eine wirklich spannende Arbeit bei einem großartigen Sender mit einem kreativen und geistreichen Team, habe die interessantesten Menschen kennengelernt und war auf die tollsten Partys eingeladen. Dennoch hat sich alles irgendwann nicht mehr richtig für mich angefühlt. Mein Leben war wie ein wunderschönes Kleid, das zwar irgendwie passt und doch nicht richtig sitzt. So habe ich mich mehr und mehr von der Frau wegbewegt, die ich sein wollte und die ich im Innersten meines Herzens auch immer war. Mir wurde von Jahr zu Jahr klarer, dass mein Radio-Job zwar ganz gut mein Ego fütterte, mein wahres Selbst jedoch etwas ganz anderes wollte und brauchte. Da ich bereits ausgebildete Kommunikationstrainerin und systemischer Coach war, begann ich nebenher Seminare und Trainings zu den Themen „Stimme", „Sprechtechnik", „Persönlichkeitsentwicklung" und „Erfolgreich sprechen vor Publikum" zu halten. Ich merkte schnell: Das ist genau das, was ich tun möchte. Und: Wenn ich das mache, bin ich die Frau, die ich sein möchte und die ich wirklich bin.
Da es für mich immer schwieriger wurde, meine beiden Ichs (das öffentliche Radio-Ich und das ganz und gar nicht öffentliche Trainerinnen-Ich) unter einen Hut zu bringen, war mir klar: Es musste etwas geschehen. Da ich wusste, dass nur ich selbst die gewünschte

Veränderung herbeiführen konnte, nahm ich all meinen Mut zusammen und kündigte. Ich habe mit diesem Schritt alles losgelassen: meine scheinbare finanzielle Sicherheit, eine Aufgabe, die ich lange Zeit wirklich geliebt hatte, mein tägliches gewohntes Umfeld, meine Kolleginnen und Kollegen und nicht zuletzt meinen Status. Mein Verstand ist Amok gelaufen und hat mich mit tausenden von Fragen bombardiert: „Was, wenn du von der Selbstständigkeit nicht leben kannst?" „Du wirst nie wieder einen Job finden." „Was, wenn du scheiterst?" „Wie kannst du nur all das aufgeben?" In mir war eine große Angst, eine regelrechte Existenzpanik, die es dem Verstand leicht machte, lautstark seinen Standpunkt zu äußern. Und auch wenn mein Gefühl manchmal nur mit einer sehr leisen, zarten Stimme zu mir gesprochen hat – ich habe diese zarte Stimme vernommen und es irgendwie geschafft, darauf zu vertrauen, dass alles gut werden würde.

So haben letztendlich meine Emotionen gesiegt und ich habe losgelassen. Hätte ich meinen Verstand entscheiden lassen und strategisch gehandelt, wäre ich in meinem alten Job und in meiner damaligen Beziehung geblieben und hätte in der (scheinbaren) Sicherheit ausgeharrt. Mein Gefühl jedoch wusste, dass es an der Zeit war, weiterzugehen. Es hat sich für die Freiheit entschieden – und dafür, das zu leben, was ich bin. Mein wahres Selbst zu leben.

Es gibt
zwei Arten,
sein Leben
zu leben:

**ENTWEDER SO,
ALS WÄRE NICHTS
EIN WUNDER, ODER
SO, ALS WÄRE
ALLES EINES.**

Ich glaube an
Letzteres.

Albert Einstein

Das Bauchhirn existiert tatsächlich.

Dr. Marcus Franz, Facharzt für Innere Medizin und Gastroenterologie

Die Bakterien, die mit uns im Darm leben, steuern unser Wohlbefinden maßgeblich. Im Bauchraum befinden sich auch weitaus mehr Neuronen als im Großhirn. Speziell die Ausrichtung der Nervenfasern ist hochinteressant und sagt eigentlich schon alles: 90 % der Nervenbahnen gehen vom Bauch in Richtung Gehirn, nur 10 % gelangen aber von der „Schaltzentrale" Gehirn in Richtung Bauch. **Das heißt, der wahre Herr im Haus ist nicht das „Ich" im Kopf, sondern das „Es" im Bauch.** Anders gesagt: Wir werden vom Bauch aus gelebt.

DIE GRUNDFUNKTIONEN DER ATMUNG

ATMUNG ALS PHYSIOLOGISCHER VORGANG DIENT

» DER AUFNAHME VON SAUERSTOFF ALS GRUNDLAGE ALLER STOFFWECHSELVORGÄNGE

» DER AUSSCHEIDUNG VON KOHLENDIOXID

» DER REGULIERUNG DES SÄURE-BASEN-GLEICHGEWICHTS

Die Wirbelsäule

Eine starke Wirbelsäule unterstützt dich dabei, dir selbst zu vertrauen und darauf, dass du jeglichem Sturm im Leben trotzen kannst, denn sie wirkt rückhaltgebend. Unser körperlich oft sehr statischer Lebensstil ist unnatürlich. Der Körper braucht Bewegung, um nicht zu verkümmern. Die Wirbelsäule ist das Zentrum des Körpers und gleichzeitig der Mantel des Rückenmarks (= Verlängerung des Gehirns bzw. des Zentralnervensystems). Bewegungen sollten im Idealfall nie einseitig stattfinden, sondern immer in Form von Bewegung und Gegenbewegung.

Auch bei der Befreiung des natürlichen Atems spielt die Wirbelsäule eine große Rolle, denn unsere Hauptatemmuskeln sind an ihr befestigt. Das Zwerchfell am 3. und 4. Lendenwirbel, die Zwischenrippenmuskeln indirekt an der Brustwirbelsäule. Ist sie beweglich, können wir freier und tiefer atmen. Die Wirbelsäule besteht aus fünf Abschnitten:

1. Halswirbelsäule mit 7 Halswirbeln
2. Brustwirbelsäule mit 12 Brustwirbeln
3. Lendenwirbelsäule mit 5 Lendenwirbeln
4. Kreuzbein
5. Steißbein

Der Beckenboden

Beim Beckenboden handelt es sich um den knöchernen Beckenausgang, der durch eine Platte aus Muskeln und Bändern abgeschlossen ist. Er besteht aus drei Muskelschichten. Der Beckenboden fördert Wohlbefinden, Vitalität und Sexualität, er ist unsere Basis.
Der Tonus des Beckenbodens hat Auswirkungen auf unsere Haltung und darauf, wie wir im Leben stehen (im doppelten Sinn!). Er unterstützt das Zwerchfell für die Atmung. Die Kräftigung des Beckenbodens fördert ein befriedigendes Sexualleben und ist die Grundlage für eine kraftvolle und freie Stimme.

Ressourcen

Alles, was wir brauchen, ist bereits in uns. Nur vergessen wir manchmal darauf, auf diesen inneren Schatz zu vertrauen, ja manchmal sogar darauf, ihn überhaupt wahrzunehmen. Dieser innere Schatz sind unsere Ressourcen. Auf dem Weg zu mehr Vertrauen sind unsere Ressourcen unsere wichtigsten Verbündeten.
Es gibt innere und äußere Ressourcen. Innere Ressourcen sind sozusagen die „Innenausstattung" eines Menschen. Dazu gehören Kommunikations- und Beziehungsfähigkeit, ein gesundes Selbstwertgefühl, Ich Kraft, die freie Beweglichkeit des Körpers, Gesundheit, die Fähigkeit, Prozesse zu Ende zu denken, Musikalität sowie sprachliche oder logisch-mathematische Begabung, um nur einige zu nennen.
Innere Ressourcen sind die Voraussetzung dafür, äußere Ressourcen überhaupt nutzen zu können. Zum Beispiel hilft ein gesundes Selbstwertgefühl, bei einem Konflikt die eigene Meinung zu vertreten. Nur dann, wenn wir körperlich und psychisch gesund sind, können wir einer Arbeit nachgehen und für die Finanzierung unseres Lebens aufkommen. Nur wenn wir in der Lage sind, selbst unsere beste Freundin zu sein, Nähe zuzulassen und uns abzugrenzen, können wir eine erfüllende Partnerschaft mit einem anderen Menschen leben.

„RESSOURCEN SIND KRAFTQUELLEN, DIE DEN MENSCHEN DABEI UNTERSTÜTZEN, SICH AUF DIE GROSSE VIELFALT DER IM LEBEN AUFTRETENDEN SITUATIONEN UND ANFORDERUNGEN KONTINUIERLICH EINZUSTELLEN SOWIE ANGEMESSEN UND WIRKSAM DARAUF ZU REAGIEREN. AUCH HELFEN SIE, VERÄNDERUNGEN ANZUGEHEN UND NEUES ZU WAGEN. SIND WIR MIT VIELFÄLTIGEN RESSOURCEN AUSGESTATTET, ENTSTEHEN WOHLBEFINDEN, LEBENDIGKEIT UND KREATIVITÄT."

Norbert Faller, akademischer Atempädagoge und Atempsychotherapeut

NIMM DIR ZEIT

Alexander Herzen

NIMM DIR ZEIT
ZUM TRÄUMEN, DAS IST DER WEG ZU DEN STERNEN.
NIMM DIR ZEIT
ZUM NACHDENKEN, DAS IST DIE QUELLE DER KLARHEIT.
NIMM DIR ZEIT
ZUM LACHEN, DAS IST DIE MUSIK DER SEELE.
NIMM DIR ZEIT
ZUM LEBEN, DAS IST DER REICHTUM DES LEBENS.
NIMM DIR ZEIT
ZUM FREUNDLICHSEIN, DAS IST DAS TOR ZUM GLÜCK.

Äußere Ressourcen sind Kraftquellen außerhalb von uns selbst. Dies können unsere Freunde und Familienmitglieder oder andere Menschen, die uns nahestehen und denen wir vertrauen, sein. Auch Ausbildungsstätten (Schulen, Universitäten, Weiterbildungsinstitute), Arbeit, finanzielle Mittel, ein Zuhause, Krankenhäuser, Psychotherapeuten, Seelsorger, Religionsgemeinschaften sind äußere Ressourcen.

RESSOURCEN

werden in die folgenden Bereiche eingeteilt:

Psychologische Ressourcen

Innere psychologische Ressourcen: Ich Kraft, ein gesundes Selbstwertgefühl, ein stimmiges Selbstbild; die Fähigkeit, Bedürfnisse zu erkennen und zu äußern; der Zugang zum eigenen Erfahrungsschatz; das Gefühl, in Ordnung zu sein; Zugang zur vollen Gefühlspalette; die Fähigkeit zu situationsangemessenen Gefühlsreaktionen.

Äußere psychologische Ressourcen: Psychotherapie, Coaching, Selbsterfahrungsgruppen, therapeutische Einrichtungen, Supervision, Mediation; Bücher.

Beziehungsressourcen

Innere Beziehungsressourcen: Kommunikations- und Beziehungsfähigkeit; die Fähigkeit zu Nähe und Intimität; die Fähigkeit zur Abgrenzung; das Gefühl, dass einem Intimität und Liebe zustehen; die innere Überzeugung, dass man Unterstützung von anderen Menschen erhält, sollte man diese brauchen.

Äußere Beziehungsressourcen: Freunde, Familienmitglieder, andere einem nahestehende Menschen; Gruppen, mit denen man Zeit verbringt (für Freizeit, Sport, Spiritualität, Musik, Kunst, karitative Arbeit).

Physische Ressourcen

Innere physische Ressourcen:
Gesundheit; freie Beweglichkeit des Körpers; eine differenzierte Körperwahrnehmung; eine gute Körperhaltung; eine authentische und freie Körpersprache; eine flexible und wohltonisierte Muskulatur; ein stabiles Immunsystem und Widerstandskräfte; die Fähigkeit, den Atem wahrnehmen zu können.

Äußere physische Ressourcen:
Geld; medizinische Versorgung (Arztpraxen, Physiotherapeuten, Krankenhäuser), Medikamente; ein Zuhause; Fortbewegungsmittel (Auto, Fahrrad, die Möglichkeit, Flugzeug oder Bahn zu nützen); Kleidung.

Intellektuelle Ressourcen

Innere intellektuelle Ressourcen:
sprachliche Begabung; logisch-mathematische Begabung; Raumvorstellung und Orientierungsvermögen; kreatives Denken; analytisches Denken und die Fähigkeit, Prozesse zu Ende zu denken; die Fähigkeit, sich durch Erkenntnisse selbst zu motivieren; Konzentrationsvermögen.

Äußere intellektuelle Ressourcen:
Kindergärten, Schulen, Universitäten, Fachhochschulen; Volkshochschulen, Weiterbildungsinstitute, Bibliotheken; Bücher, Internet.

Spirituelle Ressourcen

Innere spirituelle Ressourcen:
Verbindung zum eigenen Wesenskern; der Glaube an Gott; der Glaube an etwas, das größer ist als man selbst; die Fähigkeit, sich mit spiritueller Energie oder mit der Natur verbinden zu können.

Äußere spirituelle Ressourcen:
spirituelle Gemeinschaften, Kirchen; Meditationspraxis.

Künstlerische Ressourcen

Innere künstlerische Ressourcen:
künstlerische Aktivitäten wie Singen, Musizieren, Malen, Schreiben, Fotografieren; Stricken, Nähen; Tanzen, Choreographieren; das Entwerfen von Designs.

Äußere künstlerische Ressourcen:
Konzerte, Theater, Museen, Bands, Chöre; Ateliers.

Der Erfahrungsschatz

Alles, was wir jemals erlebt haben, kann uns eine wichtige Kraftquelle werden. Dabei sollte man niemals vergessen, dass gerade das, was man im Moment des Geschehens als das Schrecklichste ansieht, sich als das Beste für einen herausstellen kann. Können wir daran glauben, wird es uns gelingen, aus schwierigen Situationen und Lebensphasen letztendlich gestärkt herauszugehen.

MENTALÜBUNG FÜR VERTRAUEN

DIR SELBST UND DEINEN FÄHIGKEITEN VERTRAUEN

Lies dir die auf den Seiten 37/38 beschriebenen Ressourcen genau durch. Überlege und führe mit dir einen inneren Dialog: Über welche inneren und äußeren Ressourcen des jeweiligen Bereichs verfügst du? Schreib diese auf. Nun erinnere dich: Über welche Ressourcen hast du vor fünf Jahren verfügt? Welche Ressourcen haben sich in den letzten fünf Jahren entwickelt? Gibt es Ressourcen, die in den letzten fünf Jahren – aus welchem Grund auch immer – verloren gegangen sind? Schreib auch diese auf. Nun geh in Gedanken zehn Jahre, dann zwanzig Jahre zurück: Welche Ressourcen waren damals vorhanden? Gibt es Ressourcen, über die du damals verfügt hast, die du aber schon längst vergessen hast? Welche Ressourcen von damals würdest du gerne wiederentdecken/wiederbeleben? Welche Ressourcen sind in den letzten zehn oder zwanzig Jahren dazugekommen? Welche Ereignisse, Erlebnisse, Lernerfahrungen und Menschen haben die Entstehung dieser Ressourcen begünstigt? Schreib auch diese Ressourcen auf. Lies dir deine Ressourcenliste abschließend noch einmal durch und schließe die Augen: Wie fühlt es sich an, Zugang zu diesem inneren Schatz zu haben? Wie und in welcher Situation und für welche möglichen zukünftigen Herausforderungen könnten diese Ressourcen hilfreich sein?

Bewahre die Liste gut auf und sieh sie dir an, wann auch immer, aus welchen Gründen auch immer du das Vertrauen in dich und deine Fähigkeiten verlierst.

Atem Bewegung Stimme

UNTERER ATEMRAUM UND RÜCKEN

Vertrauen ist die Basis der Ich Kraft. Vertrauen in die eigenen Talente und Fähigkeiten, Vertrauen darauf, dass auf turbulente Zeiten glücklichere folgen, und darauf, dass es das Leben gut mit dir meint. Vertrauen sind die Wurzeln, die uns Halt geben und dafür sorgen, dass wir unbesorgt und frei wachsen und uns entfalten können. Vertrauen ist die Ruhe, die du immer wieder in dir finden kannst – selbst dann, wenn dir gerade ein rauer Wind um die Nase weht und es rund um dich herum alles andere als still ist. Um das Gefühl von Vertrauen zu vertiefen, arbeiten wir in der ersten Woche mit Übungen, die den unteren Atemraum und den Rücken aktivieren, lösen und stärken. So wird das Gefühl von Sicherheit, Selbstständigkeit und Stellkraft gefördert.

Übungssequenz 1

Körperreise

✸ Aufrecht auf einem Stuhl sitzen. Die Füße haben guten Bodenkontakt, die Beine sind leicht geöffnet. Die Hände liegen auf den Oberschenkeln. Bauchdecke und Schultern sind locker. Augen und Lippen sind leicht geschlossen, die Zahnreihen haben keinen Kontakt. Kiefermuskulatur und Gesichtsmuskeln sind entspannt.

✸ Von der Alltagswahrnehmung in die Sammlung kommen. Die Aufmerksamkeit zu den Füßen lenken. Wie stehen die Füße auf dem Boden? Wie fühlen sich Sprunggelenke und Kniegelenke an? Kannst du dir vorstellen, dass die Gelenke weit geöffnete Durchgänge sind und keine engen Verschlüsse? Wie spürst du die Unterschenkel und die Oberschenkel? Wie nimmst du das Becken wahr und wie sitzt du auf dem Stuhl? Wie nimmst du den Rücken und die Wirbelsäule wahr? Ist die Bauchmuskulatur locker? Wie nimmst du den Brustkorb wahr und wie die Schultern? Ist es möglich, dass sich die Schultern ohne Spannung senken? Wie nimmst du die Muskulatur in den Armen wahr? Kannst du dir vorstellen, dass die Ellbogen- und Handgelenke weit geöffnete Durchgänge sind? Wie nimmst du die Hände wahr? Wie nimmst du den Nacken und die Kehle wahr? Kannst du dir die Kehle als große Öffnung vorstellen, so ähnlich wie ein Rohr mit großem Durchmesser? Wie nimmst du Kiefermuskulatur und die Lippen wahr? Wie die Gesichtsmuskeln, die Nase und die Augen?

✸ Wie ist deine Stimmung in diesem Moment? Welche Gefühle tauchen auf? Welche Gedanken gehen dir jetzt gerade durch den Kopf?

✸ Wie nimmst du den Atem wahr? Lass den Atem frei fließen und beeinflusse ihn nicht durch deinen Willen. Wo spürst du Atembewegungen?

Schmiegen

FÜR NACHGIEBIGKEIT UND SANFTHEIT

✸ Aufrecht sitzen. Die Füße haben guten Bodenkontakt, Bauchdecke und Schultern sind locker. Die Hände liegen auf den Oberschenkeln. Oder: aufrechter Stand. Die Füße stehen parallel und hüftknochenbreit auseinander. Knie, Bauchmuskeln und Schultern sind locker. Die Augen sind geschlossen.

✸ In die Sammlung kommen.

✱ Mit der rechten Flanke in den Außenraum schmiegen und wieder in die aufrechte Sitzhaltung zurückschwingen.

✱ Mit der linken Flanke in den Außenraum schmiegen und wieder in die aufrechte Sitzhaltung zurückkommen.

✱ Mit dem Rücken in den Außenraum schmiegen und wieder in die aufrechte Sitzhaltung zurückkommen.

✱ Mit dem Oberbauch in den Außenraum schmiegen und wieder in die aufrechte Sitzhaltung zurückkommen.

✱ Beobachte: Wie stellt sich der Atem auf die Bewegung ein? Wahrscheinlich wirst du feststellen, dass beim Schmiegen der Einatem kommt und beim Lösen der Ausatem geht.

✱ Mehrmals wiederholen.

✱ Nachspüren.

Fuß und Sprunggelenk begreifen und beleben

FÜR RUHE UND EINEN KLAREN STANDPUNKT

✱ Aufrecht sitzen. Die Augen sind geöffnet.

✱ Den rechten Unterschenkel auf den linken Oberschenkel legen.

✱ Mit den Händen den rechten Fuß begreifen, massieren, beleben. Mit der linken Hand den rechten Fuß umfassen und sanft in alle Richtungen bewegen.

✱ Beide Hände um das Sprunggelenk legen und das Sprunggelenk sanft massieren

✱ Das Sprunggelenk einige Atemzüge lang halten.

✱ Den rechten Fuß wieder auf den Boden zurückstellen und in die aufrechte Haltung kommen. Nachspüren. Wie nimmst du den rechten Fuß, das Sprunggelenk und das gesamte Bein rechts im Vergleich zum linken wahr?

MOMENTAUFNAHME:

BIST DU MIT DIR IN VERBINDUNG?

Beckenkreis

FÜR VITALITÄT UND GELASSENHEIT

✱ Aufrecht sitzen. Die Füße haben guten Bodenkontakt, Bauchdecke und Schultern sind locker.

✱ Die beiden Sitzbeinhöcker spüren.

✱ Das Becken nach hinten sinken lassen.

✱ Das Gewicht des Beckens auf den rechten Sitzbeinhöcker verlagern.

✱ Das Becken nach vorne kippen.

✱ Das Gewicht des Beckens auf den linken Sitzbeinhöcker verlagern.

✱ In ein gleichmäßiges Beckenkreisen kommen, der jeweils entlastete Sitzknochen hebt sich dabei vom Sessel ab.

✱ Den Atem fließen lassen.

✱ Optional: im Ausatmen ein weiches L tönen.

✱ Nach dem Ende des Tons abwarten, bis sich der neue Einatem von allein im Körper ausbreitet

✱ Der Einatem strömt ein, während du weiterkreist.

✱ Nachspüren: Was hat die Übung auf körperlicher Ebene bewirkt? Hat sich der Atem verändert? Wie hat die Übung deine Stimmung beeinflusst?

Wirbelsäule im Sitzen ab- und aufrollen

FÜR RÜCKHALT UND STABILITÄT

✱ Aufrecht sitzen. Die Füße haben guten Bodenkontakt, Bauchdecke und Schultern sind locker. Die Arme hängen entspannt nach unten.

✱ Das Kinn in Richtung Brustbein sinken lassen. Brust- und Lendenwirbelsäule abrollen, bis der Oberkörper auf den Oberschenkeln liegt.

✱ Den Kopf hängen lassen.

✱ Der Atem fließt während der gesamten Übung im eigenen Maß.

✱ Nun langsam, vom Becken und der Lendenwirbelsäule beginnend, Wirbel für Wirbel hinaufrollen.

✱ Ganz zum Schluss richten sich Nacken und Kopf auf.

✱ Die Aufrichtung genießen und ihr nachspüren.

✱ Einige Male wiederholen.

Schwingen um die senkrechte Achse

FÜR LEICHTIGKEIT UND FLEXIBILITÄT

✱ Aufrechter Stand. Die Füße stehen parallel und hüftknochenbreit auseinander. Knie, Bauchmuskeln und Schultern sind locker. Die Arme hängen locker herab. Die Augen sind geöffnet.

✱ Mit beiden Armen abwechselnd nach rechts und nach links um den Rumpf herumschwingen. Das Becken bleibt ruhig und nach vorne ausgerichtet. Die Schultern und der Oberkörper drehen sich dabei um die Achse der Wirbelsäule.

✱ Am Ende einer Drehung legen sich die Hände um den Körper und die Knie und Sprunggelenke beugen sich, sodass ein leichtes Wippen entsteht.

✱ Nach einiger Zeit wird die Bewegung größer und Kopf und Hals bewegen sich ebenfalls. Der Blick folgt den Armen.

✱ Nun wird die Bewegung erneut größer und das Becken und das Bein werden mit zur Seite gedreht.

✱ Nach einiger Zeit werden die Bewegungen wieder kleiner und beide Füße bleiben ruhig auf dem Boden stehen.

✱ Den Blick nach vorne richten, die Arme ausschwingen lassen.

✱ Nachspüren.

Abschluss: „U“ tönen.

Jeder Vokal entsteht in einem anderen Atemraum und stärkt diesen bzw. die Ressourcen, die diesem innewohnen. Das „U“ bildet sich im Becken und fördert daher das Gefühl von Erdung, Ruhe, Standfestigkeit und Lebenskraft.

✱ Aufrecht und hüftknochenbreit mit gutem Kontakt zum Boden stehen. Knie, Schultern und Bauchmuskeln sind locker.

✱ Beim Einatmen leicht in die Knie gehen. Der Oberkörper bleibt dabei gerade, lediglich das Becken „zieht“ nach unten.

✱ Beim Ausatmen hochkommen, indem du dich mit den Füßen vom Boden wegdrückst.

✱ Die Bewegung nach oben zuerst mit einem Ausatmen auf „schschsch“ verbinden.

✱ Das „Schschsch“ schließlich in Ton verwandeln und beim Hochdrücken ein tiefes „U“ tönen.

✱ Wichtig: Mit den Lippen ein deutliches „U" formen und überdeutlich artikulieren.

✱ In der aufgerichteten Haltung die Einatempause abwarten, danach beim Einatmen erneut in die Knie gehen und auf „uuu" hochkommen.

✱ Mehrmals wiederholen.

✱ Zuerst im Stehen, dann im Sitzen nachspüren.

Übungssequenz 2

Körperreise

Siehe Beschreibung auf Seite 41.

Bewegung des Atems spüren

FÜR BEWUSSTHEIT UND SAMMLUNG

✱ Aufrecht sitzen. Die Füße haben guten Bodenkontakt, Bauchdecke und Schultern sind locker. Die Augen sind geschlossen.

✱ Komm in die Sammlung.

✱ Leg eine Hand auf deinen Unterbauch und nimm wahr, ob du Atembewegungen spüren kannst. Beeinflusse den Atem nicht durch deinen Willen, sondern lass ihn frei fließen.

✱ Leg eine Hand auf deinen Brustkorb und nimm erneut wahr, ob du Atembewegung spüren kannst. Versuche erneut, den Atem frei fließen zu lassen.

✱ Leg eine Hand mit dem Handrücken auf die Mitte des Rückens und spüre in diesen Bereich. Kannst du Atembewegung wahrnehmen?

✱ Leg nun eine Hand auf den Oberbauch oberhalb des Bauchnabels und spüre, ob dieser Bereich durch deinen frei fließenden Atem bewegt wird.

✱ Nachspüren.

Ausatmen auf „sch"

FÜR ANTRIEB UND SPONTANEITÄT

✱ Aufrecht sitzen. Die Füße haben guten Bodenkontakt, Bauchdecke und Schultern sind locker. Oder: aufrechter Stand. Die Füße stehen parallel und hüftknochenbreit auseinander. Knie, Bauchmuskeln und Schultern sind locker. Die Augen sind geschlossen. Die Fingerkuppen liegen unterhalb des Bauchnabels auf dem Unterbauch.

* Mehrmals auf einem langen „Schschschschschsch" ausatmen. Nimm wahr, wie sich dabei die Bauchdecke nach innen zieht.

* Lass am Ende der Ausatmung eine Atempause entstehen.

* Warte ab, bis der neue Einatem von selbst einströmt.

* Nachspüren.

MOMENTAUFNAHME: BIST DU PRÄSENT?

Becken wiegen
FÜR LEBENSKRAFT UND WEICHHEIT

* Aufrecht sitzen. Die Füße haben guten Bodenkontakt, Bauchdecke und Schultern sind locker. Die Hände liegen entspannt auf den Oberschenkeln. Die Augen sind geschlossen.

* Das Gewicht auf den rechten Sitzbeinhöcker verlagern, dann auf den linken. So das Becken von einer Seite auf die andere wiegen.

* Die Bauchmuskulatur ist locker.

* Der Atem fließt.

* Oberkörper und Kopf gehen automatisch in die Gegenbewegung.

* Nachspüren

Wirbelsäule im Stehen ab- und aufrollen
FÜR RÜCKHALT UND SICHERHEIT

* Aufrechter Stand. Die Füße stehen parallel und hüftknochenbreit auseinander. Der vordere Teil der Füße ist belastet, die Knie sind locker.

* Den Kopf nach vorne absenken.

* Der Atem fließt, ohne dass du ihn durch deinen Willen beeinflusst.

* Die Wirbelsäule rollt von oben nach unten ab. Schultergürtel und Arme sind locker und passiv.

* Die Knie dürfen leicht gebeugt werden. Es spielt keine Rolle, wie weit deine Hände nach unten kommen und ob sie vielleicht sogar den Boden berühren. Wichtig ist nur, dass die Beine beweglich und stabil stehen und dass Kopf, Schultern und Arme passiv hängen.

* Danach die Wirbelsäule von unten nach oben langsam und bewusst aufrollen. Schultern, Nacken und Kopf kommen ganz zum Schluss.

✸ 1–2 Mal wiederholen.

✸ Die Aufmerksamkeit in den Rücken bringen.

✸ In der Aufrichtung nachspüren.

Mittlerer Kreis der kosmischen Übung
FÜR OFFENHEIT UND ZENTRIERUNG

✸ Aufrecht sitzen. Die Füße haben guten Bodenkontakt, Bauchdecke und Schultern sind locker. Oder: aufrechter Stand. Die Füße stehen parallel und hüftknochenbreit auseinander. Knie, Bauchmuskeln und Schultern sind locker. Die Augen sind geöffnet.

✸ Die Finger beider Hände (außer den Daumen) liegen an den Außenseiten aneinander. Die Fingerkuppen liegen auf dem Oberbauch unterhalb der Brustbeinspitze.

✸ Die Hände nach vorne bewegen und die Arme zur Seite ausbreiten.

✸ Darauf achten, dass die Hände in Höhe des Oberbauchs bleiben und nicht zu hoch hinaufgezogen werden. Die Schultern bleiben locker.

✸ Die Arme zur Mitte zurückbewegen, sodass die Fingerkuppen wieder den Oberbauch berühren.

✸ Öffne dich bewusst und nimm dir Raum und kehre danach wieder in deine Mitte zurück.

✸ Beobachte deinen Atem: Wahrscheinlich kommt der Einatem während der Öffnung und der Ausatem beim Zurückführen der Arme.

✸ Variation: den Ausatem auf einem langen „F“ ausströmen lassen.

✸ Diese Bewegung mehrmals wiederholen.

Abschluss: „U“ tönen.
Siehe Beschreibung auf Seite 44 f.

ABENDÜBUNG Wofür bist du heute dankbar?

REZEPTE für Vertrauen und Erdung

FRÜHSTÜCKS-PANCAKES

Ein warmes Frühstück wärmt und gibt Kraft für einen lebendigen Tag. Eine meiner liebsten Frühstücksvariationen sind Pancakes. Vielleicht wunderst du dich, dass in dem Rezept keine Eier vorkommen. Da sich viele Menschen ohne tierische Produkte ernähren wollen oder Eier nicht vertragen, kann man diese durch Backpulver ersetzen, was wunderbar funktioniert. Gerne kannst du aber natürlich ein Ei hinzufügen.

ZUTATEN FÜR 6–8 PANCAKES

200 G DINKELMEHL (TYPE 1050) ✸ ½ TL BACKPULVER ✸ 1 PRISE SALZ ✸ 1 EL AHORNSIRUP ODER HONIG ✸ 1 TL BRATÖL ✸ 190 ML SOJA- ODER MANDELMILCH ✸ ½ TL GEMAHLENE VANILLE ✸ KOKOSÖL ZUM BRATEN ✸ 2-3 EL AHORNSIRUP ZUM BETRÄUFELN ✸ EV. MARMELADE, FRISCHE FRÜCHTE

ZUBEREITUNG

Alle Zutaten (bis auf das Kokosöl) glatt rühren. Den Teig ca. 10 Minuten ruhen lassen. Sollte er zu dick sein, noch ein wenig Soja- oder Mandelmilch hinzufügen.

Kokosöl in einer beschichteten Pfanne erhitzen. Einen kleinen Schöpflöffel Teig in die Pfanne gießen. Die Pancakes bei mittlerer Hitze von beiden Seiten goldgelb braten.

Die Pancakes mit Ahornsirup beträufeln und je nach Vorliebe mit frischen Früchten oder Marmelade servieren.

ROTE-LINSEN-SUPPE

Nichts erdet so gut wie eine warme Suppe. Rote Linsen sind bereits geschält, somit entfällt langes Einweichen und Kochen. Linsen verfügen über einen hohen Gehalt an wichtigen Nährstoffen, vor allem über einen hohen Anteil an pflanzlichem Protein. Dies macht sie (auch) für Vegetarier und Veganer zu einem wertvollen Lebensmittel.

ZUTATEN FÜR 4 PORTIONEN

2 WEISSE ODER ROTE ZWIEBELN ✱ 2 KNOBLAUCHZEHEN ✱ 2 KAROTTEN ✱ 300 G ROTE LINSEN ✱ 8 GETROCKNETE TOMATEN IN ÖL ✱ 5 EL OLIVENÖL ✱ 2 EL WEISSES MANDELMUS ODER CREME FRAÎCHE ✱ 2 TL AGAVENDICKSAFT ODER HONIG ✱ 4 EL ZITRONENSAFT ✱ 2 TL MEERSALZ ✱ FRISCH GEMAHLENER SCHWARZER PFEFFER ✱ ½ TL KURKUMA ✱ 1 TL GETROCKNETER OREGANO ✱ 1 TL GETROCKNETES BASILIKUM ✱ 1 CHILISCHOTE

ZUBEREITUNG

Zwiebeln und Knoblauchzehen schälen und hacken. Karotten waschen, schälen und in große Stücke schneiden. Linsen in einem Sieb waschen.

Olivenöl in einem großen Topf erhitzen. Zwiebeln, Knoblauch und Karottenstücke darin ca. 2–4 Minuten lang anbraten.

Linsen und 1,8 l Wasser dazugeben und im geschlossenen Topf ca. 10 Minuten kochen.

Chilischote fein hacken. Getrocknete Tomaten, Mandelmus (oder Creme fraîche), Agavendicksaft (oder Honig), Zitronensaft, Kurkuma, Oregano, Basilikum, Salz und Pfeffer hinzufügen und die Suppe pürieren.

WOK-GEMÜSE MIT SPINAT UND REISNUDELN

Spinat ist sehr kalorienarm und nährstoffreich und unterstützt unser Bauchgefühl! Der Verzehr von Spinat stärkt die Darmflora, stabilisiert dadurch das Immunsystem (das sich zu einem großen Teil im Darm befindet) und reinigt das Blut. Das Vitamin C im Blattgemüse fördert die Aufnahme von Eisen, das im Blattgemüse ebenfalls enthalten ist.

ZUTATEN FÜR 2–3 PORTIONEN

1 KNOBLAUCHZEHE, KLEIN GEHACKT ✱ 1 CHILISCHOTE, KLEIN GEHACKT ✱ 3 CM FRISCHER INGWER, KLEIN GEHACKT ✱ 100 G SHIITAKE-PILZE ✱ 2 FRÜHLINGSZWIEBELN, IN ETWA 1 CM BREITE RINGE GESCHNITTEN ✱ 350 G FRISCHER SPINAT ODER MANGOLD ✱ 1 KLEINE ROTE PAPRIKASCHOTE ✱ 1 BUND KORIANDERGRÜN ✱ 100 G SOJABOHNENSPROSSEN ✱ 200 G REISNUDELN ✱ 2 EL SESAMÖL ✱ 3–4 EL TAMARI (SOJASAUCE) ✱ FRISCH GEMAHLENER PFEFFER

ZUBEREITUNG

Pilze in kleine Stücke schneiden. Spinatblätter von den Stielen zupfen und gut waschen. Paprika in Streifen schneiden und Koriander fein hacken. Sprossen in ein Sieb geben und mit heißem Wasser gut waschen.

Reisnudeln nach Packungsanleitung bissfest kochen, in ein Sieb abgießen und kalt abschrecken.

Sesamöl im Wok erhitzen. Frühlingszwiebeln, Knoblauch, Chili und Ingwer anbraten. Das Gemüse (außer den Spinat) hinzufügen und unter ständigem Wenden einige Minuten bei mäßiger Hitze braten. Spinat in den Wok geben und noch ein paar Minuten weiterbraten, bis der Spinat zusammenfällt. Reisnudeln dazugeben, mit Tamari und Pfeffer würzen.

Mit Koriander bestreuen.

AVOCADO-GURKEN-KALTSCHALE

Leichte Nahrung fördert die Empfindungsfähigkeit und dadurch das Vertrauen in unsere Gaben und Talente. Dieses Rezept hat meine Freundin Gundi von einer Südafrikareise mitgebracht. Es schmeckt köstlich, ist einfach und dabei auch noch gesund. Gurken enthalten Vitamine, insbesondere B-Vitamine (gut für Muskeln, Verdauungsapparat, Haut, Haare, Augen und für die Nerven), Vitamin C (gut für Blutgefäße, Knochen und Entgiftung) und Vitamin E (unterstützt die Haut). Die Gurke ist außerdem reich an Calcium, Zink, Eisen, Magnesium, Kalium und Phosphor und wirkt positiv auf die Knochen und das Immunsystem. Da der Wassergehalt bei rund 95 Prozent liegt, haben Gurken sehr wenige Kalorien und versorgen unseren Körper mit viel Feuchtigkeit.

ZUTATEN FÜR 4 PORTIONEN

2 REIFE AVOCADOS ✱ 1 KLEINE GURKE ✱ 1/3 KNOBLAUCHZEHE, KLEIN GESCHNITTEN ✱ 1 1/2 TL SUPPENGEWÜRZ ✱ FRISCH GEMAHLENER PFEFFER ✱ KERNÖL ALS TOPPING

ZUBEREITUNG

Avocados halbieren und schälen; die Gurke schälen und in Würfel schneiden.

Alle Zutaten in ein Gefäß geben und mit einem Stabmixer pürieren.

Auf vier Gläser aufteilen und mindestens 30 Minuten in den Kühlschrank geben. Vor dem Servieren mit Kernöl beträufeln.

SCHOKOLADE

Als mir Gundi nach einer gemeinsamen Yogastunde selbst gemachte Schokolade zu kosten gab, war ich begeistert und wusste: Dieses Rezept muss ins Buch! Wer seine Ich Kraft stärken möchte, muss liebevoll mit sich umgehen und sich verwöhnen!

ZUTATEN

250 ML KOKOSÖL ✸ 250 ML KAKAOPULVER ✸ 2 EL BIOHONIG ✸

JE NACH BELIEBEN BIOORANGENSCHALEN ODER KLEIN GEHACKTE NÜSSE

ZUBEREITUNG

Alles verrühren, in eine flache Form geben und ins Gefrierfach legen. Nach zwei Stunden ist der Schokotraum essfertig!

MANGO-BROMBEER-SMOOTHIE

Die Mango wird gerne als „die Königin der Früchte" bezeichnet. Sie ist reich an Ballaststoffen, Mineralien, Antioxidantien und Vitamin C. Leinöl enthält viele Omega-3-Fettsäuren und kann die Blutfettwerte verbessern, die Konzentrationsfähigkeit steigern und die innere Ausgeglichenheit fördern.

ZUTATEN

1 ENTKERNTE MANGO, IN STÜCKE GESCHNITTEN ✱ 175 GRAMM FRISCHE ODER GEFRORENE BROMBEEREN ✱ 250 ML WASSER ✱ 1 EL GEHACKTE FRISCHE MINZE ✱ 1 EL LEINÖL

ZUBEREITUNG

Alles in den Mixer geben und pürieren.

Gib dich dem **Fluss** des Atems hin. Er trägt dich in das Meer des **Glücks.**

Hans-Christoph Neuert

INSPIRATION

Mein Atem und ich: die Geschichte vom Lebendigsein

Viele Menschen können zahlreiche und unterschiedlichste Dinge ziemlich bis sehr gut und erst im Laufe ihres Lebens kristallisiert sich ihr größtes Talent heraus. Dabei schöpfen sie aus einer großen Vielfalt und lernen immer wieder Neues kennen. Bei anderen wiederum ist von Anfang an klar, wo ihre großen Stärken liegen. Zur zweiten Kategorie gehöre ich. Bereits mit zwei Jahren konnte ich fließend sprechen und somit alles, was mich bewegte, verbalisieren und ausdrücken. Worte waren von Anfang an die große Liebe meines Lebens. Egal, ob ich sie las, schrieb oder sprach: Durch sie fand ich immer eine gute Verbindung zu mir – und zur Außenwelt. In der Welt der Worte war ich zuhause und bin es noch. Was ich auch immer schon sehr mochte, war Musik. Ich spielte von klein auf Klavier und sang im Chor. Die Musik ist eine gute Freundin des Worts, und so kam es, dass ich im Alter von 15 begann, professionell singen zu lernen. Mit dem Gesangsunterricht bei meiner damaligen Lehrerin Dagmar ging eine der wichtigsten Türen meines Lebens auf, die sich bis heute nicht wieder geschlossen hat. Ich habe die Arbeit mit dem Atem und mit der Stimme kennengelernt, Dagmar legte großen Wert auf Körper- und Atemarbeit. Dafür bin ich ihr heute noch dankbar, denn ich durfte auf diese Weise zum ersten Mal die unglaublichen Wirkungen erfahren, die durch diese Arbeit erzielt werden können. Nach jeder Stunde ging ich glücklich und wie berauscht nach Hause. Die Gesangsstunden waren für mich die schönsten Stunden der Woche, selten fühlte ich mich so zentriert, lebendig, zufrieden, gut gelaunt und mit mir in Kontakt.
Es war damals für mich fast magisch.

Heute weiß ich, dass meine Glücksgefühle nach den Atem- und Stimmbildungsstunden zwar kleine Wunder, aber keineswegs Zufälle waren. Es IST ganz einfach so, dass der Atem Einfluss auf unser Wohlbefinden, auf unsere Stimmung, ja, auf unser ganzes Leben hat. Der Atem ist der Anfang von allem. Mit dem ersten Atemzug beginnt unser eigenständiges Leben auf Erden, mit dem letzten Atemzug endet es. Das Wort „Inspiration" kommt aus dem Lateinischen: „inspiratio" bedeutet so viel wie „Einhauchung", „Beseelung". Warten wir also auf einen Geistesblitz oder eine Entscheidungshilfe, brauchen wir nur in die Sammlung zu gehen und uns mit unserem Atem zu verbinden – und wir werden eine Antwort bekommen. Wenn auch alles rund um dich herum gerade ziemlich verwirrend ist: Tief in dir weißt du immer schon alles. In Verbindung mit deinem Atem findest du die Ruhe, um wieder klarer zu sehen, er verbindet dich mit deinen Emotionen und führt dich so zuverlässig zu deiner inneren Weisheit.

DIE KAPAZITÄT DER BEWUSSTEN WAHRNEHMUNG BETRÄGT 40 BIT PRO SEKUNDE, DIE DER UNBEWUSSTEN WAHRNEHMUNG ALLERDINGS 11 MILLIONEN BIT PRO SEKUNDE. WIR NEHMEN ALSO ÜBER DIE UNBEWUSSTE WAHRNEHMUNG DAS 250.000-FACHE WAHR.

Prof. Dr. Wolfgang Lalouschek,
Facharzt für Neurologie

BIST DU IN BEWEGUNG,

sei weich
und fließend
wie Wasser.

STEHST DU STILL,

werde zum
Berg.

Lao-Tse

Die Lunge

> „ATEM IST LEBEN, GEIST UND MITTE."
>
> Dr. Ralph Skuban

Die Lunge ist ein primär lebenswichtiges Organ. Während wir ohne Essen und Flüssigkeit eine Weile am Leben bleiben können, sterben wir ohne Atem nach ein paar Minuten. In der chinesischen Medizin nennt man die Lunge die „Quelle des Qi", die Quelle der Lebenskraft. Wird der Atem schwächer, schwindet die Lebenskraft, ist der Atem kraftvoll, steigt sie an. Eine leise Stimme, große Müdigkeit und ein allgemeines Unwohlsein können Ausdruck einer Schwäche der Lebensenergie Qi sein. In der modernen westlichen Sichtweise sprechen wir von Sauerstoffaufnahme und -transport in alle Körperzellen. Die Grundfunktion der Lunge ist das Aufnehmen von Sauerstoff und das Abgeben von Kohlendioxid. Diese Funktion, die wir kaum willentlich steuern können, nennt man „Gasaustausch". Dies ist der Vorgang, während dessen Sauerstoff von der Atemluft ins Blut abgegeben und somit in den gesamten Körper – auch ins Gehirn – transportiert wird. Gleichzeitig gelangt Kohlendioxid vom Blut in die Atemluft und wird ausgeatmet. Der Gasaustausch findet in den Alveolen, den Lungenbläschen, statt und funktioniert nur dann optimal, wenn wir frei und tief atmen. Ein lebendiger Atem ist die Grundlage für klares Denken und Konzentration, langsames Altern und Gesundheit. In der chinesischen Medizin ist die Lunge eine Front in der Verteidigung gegen krank machende Energien oder Stoffe aus der Außenwelt. Blockaden und Fehlsteuerungen, bei denen die Lunge sich nicht mehr gleichmäßig bewegt, schwächen das menschliche Kraftpotenzial und somit das Immunsystem. Der Grund dafür kann auch auf emotionaler Ebene liegen, da Anspannung, emotionale Abwehr, unterdrückter Ärger und innerer Druck die Ausatmung blockieren. Emotionen, körperliche Gesundheit und Atmung sind also eng miteinander verbunden.

Das Zwerchfell

Unsere Einatemmuskulatur besteht aus dem Zwerchfell und den Zwischenrippenmuskeln. Das Zwerchfell ist der wichtigste Einatemmuskel. Es ist eine Muskel-Sehnen-Platte, die sich zwischen Bauch- und Brustraum befindet. Das Zwerchfell ist das Dach für die Leber, den Magen, die Milz und die Nieren sowie der Boden für die Lunge und das Herz. Es ist an der Lendenwirbelsäule, den untersten sechs Rippen und der Brustbeinspitze angewachsen. Durch Öffnungen im Zwerchfell laufen die untere Hohlvene, die große Körperschlagader, die Speiseröhre, Nervenfasern und Lymphgefäße durch. Bei der Einatmung senkt sich das Zwerchfell kuppelförmig nach unten ab, wodurch der Brustraum erweitert wird; bei der Ausatmung hebt es sich. Durch die Zwerchfellbewegungen werden die Organe massiert, was das Herz-Kreislauf-System unterstützt und die Verdauung fördert.

Wohlspannung

Die Grundspannung aller Muskeln in Ruhe wird als „Tonus" bezeichnet. Wir unterscheiden drei mögliche Tonus-Zustände: Hypertonus (Überspannung), Hypotonus (Unterspannung) und Eutonus (die situationsangemessene Wohlspannung).
Überspannung führt auf körperlicher Ebene zu Verspannungen und eingeschränkter Beweglichkeit und auf psychischer Ebene zu Stress.
Das längere Verweilen in der Unterspannung bedingt eine schlechte, lasche Körperhaltung, auf psychischer Ebene können das Gefühl von Müdigkeit, Resignation und Traurigkeit die Folge sein. Es ist erstrebenswert, möglichst viel Lebenszeit in der situationsangemessenen Wohlspannung zu verbringen. Die einzelnen Übungen in den Atem-Bewegung-Stimme-Sequenzen bewirken genau dies. Atemübungen lösen körperliche Spannungen und aktivieren den Körper, wodurch der Atem freier fließen und seine positive Wirkung auf Körper, Emotionen, Geist und Stimme entfalten kann.

Wenn dir eine Stimme
in deinem Inneren sagt,

dass du nicht malen kannst,
dann gibt es nur eins:

**Fang an zu malen – und
die Stimme wird
verstummen**

Vincent van Gogh

„THERE IS NO REASON NOT TO FOLLOW YOUR HEART.“

Steve Jobs

MENTALÜBUNG: NEULAND ENTDECKEN

Mach in dieser Woche jeden Tag etwas, das du noch nie getan hast. Fahre zum ersten Mal in deinem Leben Schi, sag zum ersten Mal in deinem Leben „nein", wenn dir Kollegen noch mehr Arbeit aufbrummen wollen, fahr zum ersten Mal in deinem Leben allein auf Urlaub. Mit jedem „ersten Mal" öffnest du eine neue Tür. Und wer weiß: Vielleicht verbirgt sich dahinter der Anfang von etwas ganz Wundervollem …

Der Dalai Lama wurde einmal gefragt, was ihn am meisten überrascht. Seine Antwort war: **„Der Mensch, denn er opfert seine Gesundheit, um Geld zu machen. Dann opfert er sein Geld, um seine Gesundheit wiederzuerlangen. Und dann**

**ist er so ängst-
lich wegen der
Zukunft, dass er
die Gegenwart
nicht genießt. Das
Resultat ist, dass
er nicht in der
Gegenwart lebt.
Er lebt, als würde
er nie sterben, und
dann stirbt er und
hat nie wirklich
gelebt.“**

Atem Bewegung Stimme

OBERER ATEMRAUM

Ich Kraft benötigt Inspiration. Bleib immer neugierig und bereit, zu neuen Horizonten aufzubrechen! Damit neue Gedanken und Sichtweisen entstehen können, braucht es Offenheit und Weitsicht, für das Umsetzen von frischen Ideen Innovationskraft, Handlungsfähigkeit und Tatendrang. All dies wird durch die Arbeit am oberen Atemraum gefördert.

Übungssequenz 1

Körperreise

✱ Aufrecht auf einem Stuhl sitzen. Die Füße haben guten Bodenkontakt, die Beine sind leicht geöffnet. Die Hände liegen auf den Oberschenkeln. Bauchdecke und Schultern sind locker. Augen und Lippen sind leicht geschlossen, die Zahnreihen haben keinen Kontakt. Kiefermuskulatur und Gesichtsmuskeln sind entspannt.

✱ Von der Alltagswahrnehmung in die Sammlung kommen. Die Aufmerksamkeit zu den Füßen lenken. Wie stehen die Füße auf dem Boden? Wie fühlen sich Sprung- und Kniegelenke an? Kannst du dir vorstellen, dass die Gelenke weit geöffnete Durchgänge sind und keine engen Verschlüsse? Wie spürst du die Unterschenkel und die Oberschenkel? Wie nimmst du das Becken wahr und wie sitzt du auf dem Stuhl? Wie nimmst du den Rücken und die Wirbelsäule wahr? Ist die Bauchmuskulatur locker? Wie nimmst du den Brustkorb wahr und wie die Schultern? Ist es möglich, dass sich die Schultern ohne Spannung senken? Wie nimmst du die Muskulatur in den Armen wahr? Kannst du dir vorstellen, dass die Ellbogen- und Handgelenke weit geöffnete Durchgänge sind? Wie nimmst du die Hände wahr? Wie nimmst du den Nacken und die Kehle wahr? Kannst du dir die Kehle als große Öffnung vorstellen, so ähnlich wie ein Rohr mit großem Durchmesser? Wie nimmst du Kiefermuskulatur und die Lippen wahr? Wie die Gesichtsmuskeln, die Nase und die Augen?

✱ Wie ist deine Stimmung in diesem Moment? Welche Gefühle tauchen auf? Welche Gedanken gehen dir jetzt gerade durch den Kopf?

✱ Wie nimmst du den Atem wahr? Lass den Atem frei fließen und beeinflusse ihn nicht durch deinen Willen: Wo spürst du Atembewegungen?

Nase dehnen

FÜR WEITE, FRISCHE UND LEICHTIGKEIT

✱ Aufrecht sitzen. Die Füße haben guten Bodenkontakt, Bauchdecke und Schultern sind locker. Oder: aufrechter Stand. Die Füße stehen parallel und hüftknochenbreit auseinander. Knie, Bauchmuskeln und Schultern sind locker. Die Augen sind geschlossen.

✱ Einige Male über die Nase streichen: von der Nasenwurzel hinunter zur Nasenspitze.

✸ Die Zeigefinger seitlich neben die Nasenflügel legen und die Nase seitlich aufdehnen. Danach die Dehnung langsam auflösen.

✸ Mehrmals wiederholen.

✸ Die Finger wegnehmen und nachspüren: Wie nimmst du deine Nase jetzt wahr? Wo im Körper kannst du den Atem spüren?

✸ Beide Zeigefinger unter die Nase legen und den Nasenboden nach unten ziehen. Danach die Dehnung langsam auflösen.

✸ Mehrmals wiederholen.

✸ Die Finger wegnehmen und erneut Nase und Atembewegung wahrnehmen.

✸ Zum Schluss einen Zeigefinger unter die Nasenspitze legen und die Nase nach oben dehnen. Danach die Dehnung langsam auflösen.

✸ Mehrmals wiederholen.

✸ Den Finger wegnehmen und erneut nachspüren: Wie nimmst du den Raum in deiner Nase jetzt wahr? Wo im Körper spürst du den Atem?

Trippeln

FÜR TATKRAFT UND GUTE LAUNE

✸ Aufrecht sitzen. Die Augen sind geöffnet.

✸ Mit beiden Füßen abwechselnd auf dem Boden trippeln.

✸ Die gesamte Fußsohle hebt vom Boden ab.

✸ Abwechselnd leichter und fester auftreten.

✸ Danach aufstehen und mit kleinen, schnellen Schritten durch den Raum gehen.

✸ Abschließend in deinem gewohnten Tempo durch den Raum gehen.

✸ Während der gesamten Übung den Atem frei fließen lassen.

✸ Aufrecht sitzen und nachspüren.

MOMENTAUFNAHME:

WIE GEHT ES DIR GERADE MIT DIR SELBST?

Schulterkreis

FÜR FREIRAUM UND LEBENDIGKEIT

✱ Aufrecht sitzen oder hüftknochenbreit und parallel mit lockeren Knien stehen. Die Schultern sind entspannt, die Hände hängen locker herab. Die Augen sind geschlossen.

✱ Mit der rechten Schulter nach vorne, nach oben, nach hinten und nach unten kreisen.

✱ Den Atem frei fließen lassen.

✱ Einige Male wiederholen.

✱ Nachspüren: Wie nimmst du die rechte Schulter im Vergleich zur linken wahr?

✱ Nun mit der linken Schulter kreisen: nach vorne, nach oben, nach hinten und nach unten.

✱ Wieder einige Male wiederholen.

✱ Zum Schluss aufrecht sitzen und nachspüren.

Druck der Zeigefinger und der Daumen

Einfache Übung für immer und überall!

FÜR KLARHEIT UND WACHHEIT

✱ Aufrecht sitzen.

✱ Die Kuppen der Zeigefinger und der Daumen vor dem Oberbauch aneinanderdrücken und wieder lösen.

✱ Den Atem von selbst entstehen lassen, die Atempause abwarten.

✱ Der Einatem kommt beim Aneinanderdrücken der Fingerkuppen, der Ausatem geht beim Lösen.

✱ Aktiviert die Brustatmung.

✱ 7 Mal wiederholen.

Arme und Schultern nach hinten dehnen

FÜR OFFENHEIT UND KOMMUNIKATIONSBEREITSCHAFT

✱ Aufrecht sitzen oder hüftknochenbreit und parallel mit lockeren Knien stehen.

✱ Die Arme sind in Schulterhöhe zur Seite ausgebreitet, die Handflächen zeigen nach vorne.

✱ Die Arme nach hinten bewegen, indem die Handflächen nach oben gedreht werden. Die Schultern dehnen sich dabei zurück.

✱ Den Kopf sanft nach hinten neigen, den Unterkiefer locker lassen.

✱ Die Dehnung lösen und wieder in die Ausgangshaltung zurückkommen.

✱ Der Einatem kommt beim Nach-hinten-Dehnen, der Ausatem strömt beim Lösen aus.

✱ Den Ausatem auf einem stimmlosen „Huh" ausströmen lassen.

✱ Einige Male wiederholen.

Abschluss: „Ö" tönen.

Der „Ö"-Raum umfasst den oberen Rücken mit den Schulterblättern, die Achselhöhlen und die Gegend um das Brustbein. „Ö" zu tönen macht fröhlich und kreativ!

✱ Aufrecht und hüftknochenbreit mit gutem Kontakt zum Boden stehen. Knie, Schultern und Bauchmuskeln sind locker.

✱ Beim Einatmen leicht in die Knie gehen. Der Oberkörper bleibt dabei gerade, lediglich das Becken „zieht" nach unten.

✱ Beim Ausatmen hochkommen, indem du dich mit den Füßen vom Boden wegdrückst.

✱ Die Bewegung nach oben zuerst mit einem Ausatmen auf „schschsch" verbinden.

✱ Das „Schschsch" schließlich in Ton verwandeln und beim Hochdrücken in höherer Lage ein „Ö" tönen.

✱ Wichtig: die Lippen dabei zu einem überdeutlichen „Ö" formen und überdeutlich artikulieren.

✱ In der aufgerichteten Haltung die Einatempause abwarten; danach beim Einatmen erneut in die Knie gehen und auf „ööö" hochkommen.

✱ Mehrmals wiederholen.

✱ Zuerst im Stehen, dann im Sitzen nachspüren.

Übungssequenz 2

Körperreise

Siehe Beschreibung auf Seite 69.

Dehnen

FÜR WEITE UND PRÄSENZ

✱ Aufrecht sitzen. Die Füße haben guten Bodenkontakt, Bauchdecke und Schultern sind locker. Oder: aufrechter Stand. Die Füße stehen parallel und hüftknochenbreit auseinander. Knie, Bauchmuskeln und Schultern sind locker. Die Augen sind geöffnet.

✱ In die Sammlung kommen. Mehrmals den rechten Arm nach oben dehnen (nicht strecken!) und wieder lösen.

✱ Beobachte: Wie stellt sich der Atem auf die Bewegung ein? Wahrscheinlich wirst du feststellen, dass beim Dehnen der Einatem kommt und beim Lösen der Ausatem geht. Kurz nachspüren und wahrnehmen: Fühlst du einen Unterschied zwischen den beiden Seiten?

✱ Den linken Arm einige Male nach oben dehnen und wieder lösen. Erneut nachspüren. Was hat das Dehnen in Bezug auf die körperliche Wahrnehmung bewirkt? Gibt es eine Auswirkung auf den Atem? Hat sich deine Stimmung, dein emotionaler Zustand, verändert?

Becken klopfen und Beine ausstreichen

FÜR GELASSENHEIT UND FLEXIBILITÄT

✱ Aufrecht sitzen. Die Füße haben guten Bodenkontakt. Bauchdecke und Schultern sind locker.

✱ Mit lockeren Fäusten die Beckenrückseite abklopfen.

✱ Danach mit den Händen an den Außenseiten der Beine hinunterstreichen.

✱ Über die Füße streichen.

✱ Wichtig: den Kopf dabei locker hängen lassen.

✱ Über die Innenseiten der Beine wieder nach oben streichen

✱ Über die Leisten und Flanken zur Beckenrückseite streichen.

✱ Den Atem frei fließen lassen.

✱ Einige Male wiederholen.

✱ Zum Schluss aufrecht sitzen und nachspüren: Wie nimmst du deinen Körper nun wahr? Wo und mit welcher Intensität spürst du deinen Atem?

MOMENTAUFNAHME: BIST DU FÜR DICH SELBST DA?

Arme und Schultern nach vorne dehnen

FÜR WEICHHEIT UND HANDLUNGSBEREITSCHAFT

✱ Aufrecht sitzen. Die Füße haben guten Bodenkontakt, Bauchdecke, Schultern und Unterkiefer sind locker. Oder: aufrechter Stand. Die Füße stehen parallel und hüftknochenbreit auseinander. Knie, Bauchmuskeln und Schultern sind locker. Die Augen sind geschlossen.

✱ Die Arme sind zur Seite ausgebreitet, die Handflächen zeigen nach vorne.

✱ Die Arme in einem weiten Bogen aufeinander zu bewegen, bis sich die Fingerspitzen berühren. So, als würdest du jemanden umarmen.

✱ Das Brustbein gibt nach, der Kopf neigt sich leicht nach vorne. Die Schultern und der obere Rücken werden gedehnt.

✱ Die Arme nun wieder zur Seite ausbreiten; dabei richtet sich der Kopf auf.

✱ Der Einatem kommt beim Nach-vorne-Dehnen, der Ausatem geht beim Ausbreiten der Arme.

✱ Einige Male wiederholen.

✱ Abschließend aufrecht sitzen und nachspüren.

Hände im Nacken, Ellbogen nach hinten dehnen

FÜR OFFENHEIT UND FRISCHE

✱ Aufrecht sitzen. Die Füße haben guten Bodenkontakt, Bauchdecke, Schultern und Unterkiefer sind locker. Oder: aufrechter Stand. Die Füße stehen parallel und hüftknochenbreit auseinander. Knie, Bauchmuskeln und Schultern sind locker. Die Augen sind geschlossen.

✱ Die Hände liegen ineinander verschränkt im Nacken, die Ellbogen sind zur Seite ausgebreitet.

✱ Der Nacken ist gerade, der Kopf wird nicht nach vorne gedrückt.

✱ Die Ellbogen nach hinten dehnen.

✸ Die Achselhöhlen werden geöffnet; der obere Bereich des Brustkorbs hebt sich.

✸ Die Dehnung lösen und in die Ausgangshaltung zurückkommen.

✸ Der Einatem kommt beim Nach-hinten-Dehnen der Ellbogen, der Ausatem geht beim Zurückkehren in die Ausgangshaltung. Den Atem von selbst kommen lassen, die Atempause abwarten!

✸ Einige Male wiederholen.

✸ Zum Schluss aufrecht sitzen und nachspüren.

Oberer Kreis der kosmischen Übung

FÜR WACHHEIT UND INSPIRATION

✸ Aufrecht sitzen. Die Füße haben guten Bodenkontakt, Bauchdecke, Schultern und Unterkiefer sind locker. Oder: aufrechter Stand. Die Füße stehen parallel und hüftknochenbreit auseinander. Knie, Bauchmuskeln und Schultern sind locker.

✸ Die Fingerkuppen beider Hände (außer die Daumen) liegen mit der Außenseite aneinander auf dem Oberbauch unterhalb der Brustbeinspitze.

✸ Die Fingerkuppen bewegen sich an Brustbein, Hals und Gesicht entlang über den Kopf hinauf nach oben.

✸ Der Blick folgt den Händen nach oben, der Kopf neigt sich leicht nach hinten.

✸ In dieser Haltung breiten sich die Arme so weit zur Seite aus, dass die Finger diagonal nach oben zeigen. Die Handflächen zeigen nach vorne.

✸ Die Hände streichen über Gesicht, Hals und Brustbein nach unten in die Ausgangshaltung.

✸ Die Fingerkuppen liegen nun wieder auf dem Oberbauch. Der Kopf ist gerade.

✸ Der Einatem kommt, während du dich nach oben öffnest, der Ausatem geht, während du in die Ausgangshaltung zurückkehrst.

✸ Auf einem stimmlosen „Huh“ ausatmen.

✸ Den Atem von selbst kommen lassen, die Atempause abwarten.

✸ Einige Male wiederholen.

✸ Zum Schluss aufrecht sitzen und nachspüren.

Abschluss: „Ö“ tönen

Siehe Beschreibung auf Seite 72.

ABENDÜBUNG Wofür bist du heute dankbar?

REZEPTE Inspiration und Leichtigkeit

KRÄUTERSUPPE

Diese Suppe ist eine leichte Hauptmahlzeit! Grüne Kräuter sind reich an Mineralstoffen, wie Magnesium, Kalium, Kalzium oder Eisen, und Spurenelementen, wie Kupfer und Zink. Sie aktivieren die Zellatmung und den Stoffwechsel und sorgen so für eine gute Entgiftung des Körpers.

ZUTATEN FÜR 4 PORTIONEN

1 ZWIEBEL * 150 G SAUERAMPFER * 100 G BLATTSPINAT * 1 BUND SELLERIEBLÄTTER * 1 BUND KERBEL * 1 BUND GLATTE PETERSILIE * 1 KG MEHLIGE KARTOFFELN * 1½ SALATGURKE * 60 G (VEGANE) BUTTER * MEERSALZ * 3 EL SCHLAGOBERS ODER SOJA-SCHLAGCREME * 1 SPRITZER ZITRONE * FRISCH GEMAHLENER PFEFFER

ZUBEREITUNG

Die Zwiebel schälen und fein hacken. Das Blattgemüse und die Kräuter putzen, waschen und trocken schütteln. Die Kartoffeln schälen, waschen und in kleine Würfel schneiden. Die Gurke schälen, waschen, halbieren, die Kerne entfernen und die Gurke ebenfalls klein würfeln.
30 g Butter in einem Topf leicht erhitzen; Zwiebelstückchen, Blattgemüse, Kräuter und Gurkenwürfeln hinzugeben. Alles zugedeckt ungefähr 5 Minuten anschwitzen; Gemüse und Kräuter sollten aber nicht braun werden.
1,5 l Wasser eingießen und salzen, Kartoffelwürfel hinzufügen und alles ca. 25 Minuten lang kochen.
Die Suppe vom Herd nehmen; die restliche Butter, das (Soja-)Schlagobers und einen Spritzer Zitrone einrühren. Alles mit einem Stabmixer pürieren. Pfeffern.

GRAPEFRUIT-SALAT

Ein kreativer Salat, alles andere als 08/15! Grapefruits haben wenig Kalorien und viel Vitamin C. Sie können vor Herzattacken schützen und beim Abnehmen helfen und stärken das Immunsystem.

Ein Salat ohne ein gutes Dressing ist nur der halbe Spaß. Diesem Basisdressing kann man je nach Lust und Laune einen Schuss Sojasauce, ein wenig Zucker, Petersilie, Wasabi, Schnittlauch oder gehackte Zwiebelstückchen hinzufügen.

ZUTATEN FÜR 4 PORTIONEN

50 G PISTAZIEN ✱ 2 ROSA GRAPEFRUITS ✱ 2 AVOCADOS ✱ 1 ROTE CHILISCHOTE ✱ 1 SCHALOTTE ✱ 1 ZITRONE ✱ JE NACH BELIEBEN 100 G SOJASPROSSEN

DRESSING: SALZ ✱ 1 TEIL ESSIG ✱ 1 TEIL WASSER ✱ 2 TEILE OLIVENÖL ✱ DIJONSENF ✱ PFEFFER

ZUBEREITUNG

Die Pistazien von der Schale befreien, in einer Pfanne ohne Fett rösten und anschließend hacken.
Die Grapefruits schälen, filetieren und die Filets halbieren. Den Saft dabei auffangen. Die Avocados halbieren, schälen, den Stein entfernen und das Fruchtfleisch würfeln. Die Avocadowürfel mit einem Spritzer Zitronensaft beträufeln, damit sie schön grün bleiben.
Die Chilischote waschen, Kerne und Stielansatz entfernen und die Schote fein hacken. Die Schalotte schälen und in kleine Würfel schneiden.
Grapefruitsaft, Chili- und Zwiebelstücke zum Dressing hinzufügen. Den Salat mit dem Dressing und den Sprossen mischen; mit Pistazien bestreuen und anrichten.

Salat-Dressing: Zuerst das Salz, dann Essig, Wasser, Olivenöl und Senf in eine Schale geben; pfeffern und verrühren.

RIBISELKUCHEN À LA MAMA

Der Lieblingskuchen meiner Kindheit. Tage, an denen meine Mutter Ribiselkuchen gebacken hat, waren gute Tage! Ribisel enthalten viele Vitamine und Nährstoffe, darunter Vitamin C, Kalium, Kalzium und Eisen. Die Ribisel enthält Inhaltsstoffe, die sich positiv auf das Immunsystem auswirken sowie verdauungsfördernd und cholesterinsenkend sind.

ZUTATEN

FÜR DEN TEIG: 240 G BUTTER ✱ 400 G MEHL ✱ 2 EIER ✱ 150 G ZUCKER ✱ 1 MSP. BACKPULVER ✱ 1 PRISE SALZ

SCHAUM: ✱ 4 EIKLAR ✱ 200 G ZUCKER ✱ 600 G RIBISEL ✱ 60 G GERIEBENE NÜSSE

ZUBEREITUNG

Teig: Butter, Mehl, Eier, Zucker, Backpulver und Salz in eine Schüssel geben und zu einem Teig verrühren. Den Teig kneten und gleichmäßig auf einem Backblech verteilen; bei 200 Grad 10–15 Minuten lang backen.

Schaum: Das Eiklar mit dem Zucker sehr steif schlagen; dann Ribisel und Nüsse unterheben. Das Ganze auf den vorgebackenen Teig streichen und noch einmal bei niedriger Temperatur backen, bis der „Schnee" hellbraun ist.

ERDBEEREN-CLEMENTINEN-SMOOTHIE

Erdbeeren haben nicht nur eine wunderschöne Farbe, sie unterstützen uns auch dabei, uns leicht zu fühlen: Pro 100 Gramm haben sie gerade einmal 35 Kalorien! Die Erdbeere enthält viel Vitamin C, weiters Vitamin B1 und B2 sowie Mineralstoffe wie Phosphor, Natrium, Calcium, Kalium und Eisen. Der Verzehr von Erdbeeren hilft bei der Entgiftung des Darms, fördert das Zellwachstum und kräftigt die Immunabwehr und den Stoffwechsel.

ZUTATEN

1/8 L WASSER * 2 GUTE HANDVOLL GEFRORENE ERDBEEREN, IN STÜCKE GESCHNITTEN * 1 GEFRORENE BANANE * 2 ENTKERNTE CLEMENTINEN

ZUBEREITUNG

Alles in den Mixer geben und pürieren.

Was ohne **Ruhe-pausen** geschieht, ist nicht von **Dauer.**

Ovid

BALANCE

Weniger tun,
mehr sein

Jeder von uns hat das Grundbedürfnis nach Liebe und wünscht sich, von den anderen als der Mensch gesehen, erkannt und angenommen zu werden, der er wirklich ist. Um liebenswert zu sein, glauben wir oft, unglaublich vieles tun zu müssen, sodass wir ganz darauf vergessen, einfach mal bloß zu SEIN. Wir optimieren unseren Körper, unseren Geist, unsere Garderobe, unsere Haut, unsere Haare und unsere Kochkünste und haben dabei ganz schrecklichen Stress. Besser wäre es, alles hin und wieder sein zu lassen, wie es ist – und die Pausentaste zu drücken. Nur in der Pause gelangen wir zu der inneren Ausgeglichenheit, die die Voraussetzung für Heilung ist. Neues wird nur dann von Dauer sein, wenn es aus der Balance heraus passiert. Dies gilt für private Beziehungen genauso wie für berufliche Entscheidungen. Wie heißt es so schön: In der Ruhe liegt die Kraft. Doch gerade in turbulenten Zeiten denken wir, noch schneller handeln zu müssen, noch mehr Einsatz zeigen zu müssen, uns noch mehr bemühen zu müssen, als dies ohnehin schon der Fall ist. Ein Irrglaube. Wir vermuten die Möglichkeit zur Weiterentwicklung einzig und allein im Tun, dabei braucht es dafür auch das Lassen. Was mich an der Atemarbeit schon immer fasziniert hat: Es bedarf einer Atempause, damit ein neuer Atemzug voller Intensität in den Körper einströmen kann. Balance ist keine spannungslose Null-Linie, sondern der naturgegebene ständige Wechsel von einem Lebensaspekt zum anderen. Das Kraftvolle entspringt immer dem Zarten. Das Laute benötigt die Stille, um wirken zu können. Kein Sommer ohne Winter, kein Tag ohne Nacht, keine Aktivität ohne Ruhe, keine Glücksmomente ohne Traurigkeit: Alles im Leben hat zwei Seiten. Dies anzunehmen und zu leben, lehrt uns der Atem. In ihm spiegelt sich die Gesetzmäßigkeit der Balance wider.

ATEMPHASEN UND IHRE BEDEUTUNG

EINATMEN » AKTIVER VORGANG: Sauerstoffzufuhr; Aufnahme von Lebensenergie; etwas, das von außen kommt, in sich aufnehmen.

AUSATMEN » PASSIVER VORGANG: Abgabe von CO_2; loslassen; säubern, reinigen; befreien; nach außen gehen.

ATEMPAUSE » ATEMRUHE, die entsteht, wenn wir warten können, bis der Einatem von selbst wieder kommt. Der Moment völliger Stille. Die Atempause kann nur in der Ruheatmung entstehen. Beim Sprechen und Singen kommt es zu einem reflektorischen Einatem, wenn der Wechsel zwischen Lösen und Spannen gut funktioniert.

Atemrhythmus ~ Lebensrhythmus

Der Atem- und der Lebensrhythmus beeinflussen sich gegenseitig. Verändert sich der eine, verändert sich auch der andere. Um in Balance und gesund zu bleiben, ist es notwendig, seinen eigenen Rhythmus zu finden und danach zu leben. Ein Leben gegen den eigenen Rhythmus bedingt, dass das Gleichgewicht und die natürliche Ordnung verloren gehen, was längerfristig zu Überlastung, Stress und Burn-out führt.

„WENN EIN MENSCH GESUND IST UND MIT SICH UND SEINER UMWELT IN EINKLANG LEBT, WIRD ER IN SEINEM EIGENEN RHYTHMUS ATMEN. DIESER ATEMRHYTHMUS IST SO INDIVIDUELL UND EINMALIG WIE DER MENSCH SELBST."

Norbert Faller,
akademischer Atempädagoge
und Atempsychotherapeut

Das Gleichnis
von den zwei Wölfen in uns

Eines Abends erzählte ein alter Cherokee-Indianer seinem Enkelsohn am Lagerfeuer von einem Kampf, der in jedem Menschen tobt. Er sagte: „Mein Sohn, der Kampf wird von zwei Wölfen ausgefochten, die in jedem von uns wohnen.
Einer ist böse. Er ist der Zorn, der Neid, die Eifersucht, die Sorgen, der Schmerz, die Gier, die Arroganz, das Selbstmitleid, die Schuld, die Vorurteile, die Minderwertigkeitsgefühle, die Lügen, der falsche Stolz und das Ego.
Der andere ist gut. Er ist die Freude, der Friede, die Liebe, die Hoffnung, die Heiterkeit, die Demut, die Güte, das Wohlwollen, die Zuneigung, die Großzügigkeit, die Aufrichtigkeit, das Mitgefühl und der Glaube."
Der Enkel dachte einige Zeit über die Worte seines Großvaters nach und fragte dann: „Welcher der beiden Wölfe gewinnt?"
Der alte Cherokee antwortete: „Der, den du fütterst."

Bevor du sprichst,
frage dich:

IST ES WAHR?

IST ES FREUNDLICH?

IST ES NOTWENDIG?

IST ES BESSER ALS SCHWEIGEN?

Sathya Sai Baba

Das Einzige, auf das man sich im Leben verlassen kann, ist die

Pushpa Namasté

Ver
än
de
rung.

GRENZEN

Auf Facebook ist mir vor kurzem ein Spruch ins Auge gesprungen: „Das beste Mittel gegen Stress hat vier Buchstaben: NEIN.“ Nein sagen zu lernen bedeutet, dass man lernt, sich abzugrenzen. Viele Menschen haben ein schlechtes Gewissen, wenn sie beginnen, sich ganz bewusst abzugrenzen. Grenzen haben für viele ein schlechtes Image. Ganz zu Unrecht! Grenzen trennen uns zwar von der Außenwelt, gleichzeitig sind sie aber auch die Verbindung zu dieser. Die eigenen Grenzen zu kennen und zu achten ist eine Voraussetzung für ein Leben in Balance und für echten Kontakt mit anderen Menschen.

Es gibt drei Arten von Grenzen:

1. Innere/psychische Grenzen.

Sie schützen unser Ich, das unsere Gefühle und Gedanken, unseren Charakter und unser Verhalten beinhaltet. Sind die inneren Grenzen bei einem Menschen gut ausgeprägt, ist dieser in der Lage, zwischen den eigenen Gefühlen und Verhaltensweisen und denen anderer Menschen zu unterscheiden. Dies hilft uns dabei, Verantwortung für unser Tun und Handeln zu übernehmen, weil wir aufhören, andere für unser Schicksal verantwortlich zu machen.

2. Äußere/physische Grenzen.

Unsere unmittelbarste physische Grenze ist die Haut. Auch unsere Arme und Hände schützen unsere persönliche Umgebung. Durch Gesten zeigen wir, wie viel Raum wir uns nehmen. Wir bestimmen, wie weit wir andere Menschen körperlich an uns heranlassen wollen, und regulieren das Verhältnis zwischen Nähe und Distanz.

3. Territoriale Grenzen.

Unser Platz in der Welt. Dies kann ein eigenes Zimmer sein oder die eigene Wohnung, der eigene Grund, die Stadt, in der man lebt, oder ein Land.

Die drei unterschiedlichen Grenzarten beeinflussen einander wechselseitig. Manchmal bauen wir innere Grenzen auf, wenn sich territoriale Grenzen verschieben. Umgekehrt funktioniert es genauso: Sind die äußeren Grenzen klar, ist es möglich, innere Grenzen aufzuheben.

Grenzstile

Manchen Menschen gelingt es sehr leicht, sich abzugrenzen, für andere stellt dies wiederum eine große Herausforderung dar. Wie man mit dem Thema „Grenzen" umgeht, hängt stark vom persönlichen Grenzstil ab. Menschen mit einem unterentwickelten Grenzstil können sich nur sehr schwer abgrenzen und „nein" sagen. Menschen mit einem überbetonten Grenzstil haben oftmals Schwierigkeiten damit, anderen zu vertrauen und Intimität und Nähe zuzulassen. Sie können schwer „ja" zu etwas oder zu jemandem sagen. Menschen mit Pendelgrenzen wechseln zwischen dem unterentwickelten und dem überbetonten Grenzstil hin und her. Oft öffnen sie sich viel zu weit und müssen sich daher stark verschließen, um nur irgendwie die Balance zu halten. Schließlich gibt es noch den unvollständigen Grenzstil. Das bedeutet, dass Menschen, die diesen Stil leben, generell über gute Grenzen verfügen und nur in spezifischen Situationen ein Problem mit dem richtigen „Grenzmaß" haben. Zum Beispiel in Liebesbeziehungen, mit Autoritäten oder in der Beziehung zu den Eltern.

MENTALÜBUNG: DAS INNERE GLEICHGEWICHT FÖRDERN

Schreib in dieser Woche auf, was DU brauchst, um in Balance zu bleiben. Jeder Mensch funktioniert anders: Der eine findet seine Balance beim Laufen, der andere wiederum beim Yoga. Der eine braucht viel Schlaf, um im Gleichgewicht zu bleiben, der andere drei warme Mahlzeiten am Tag und die Gesellschaft von lieben Menschen. Es gibt kein „Rezept", das für alle gültig ist. Mach dir eine Liste und überlege, was du für dich brauchst, um deine Balance zu behalten. Was tut DIR gut? Was stärkt DICH? Welche Tätigkeiten und Menschen verstärken dein Balancegefühl?

Gewiss ist es fast
noch wichtiger,
wie der Mensch

**das
Schicksal
nimmt,**

als wie es ist.

Wilhelm von Humboldt

Atem Bewegung Stimme

MITTLERER ATEMRAUM

Das ständige, harmonische Zusammenfließen unterschiedlichster Kräfte ist die Voraussetzung für Gesundheit und Glück. Geraten wir allzu oft aus dem Gleichgewicht, vergeuden wir unnötig Reserven. Balance schafft Fokus und Klarheit. Indem du deine Ich Kraft stärkst, findest du immer schneller in dein natürliches Gleichgewicht zurück, solltest du es einmal verlieren. Die Übungen dieser Woche konzentrieren sich auf den mittleren Atemraum, in welchem sich die Ressourcen für die Balance befinden: Zentrierung, Selbstwert und das Gefühl, in der eigenen Mitte zu sein.

Übungssequenz 1

Körperreise

✱ Aufrecht auf einem Stuhl sitzen. Die Füße haben guten Bodenkontakt, die Beine sind leicht geöffnet. Die Hände liegen auf den Oberschenkeln. Bauchdecke und Schultern sind locker. Augen und Lippen sind leicht geschlossen, die Zahnreihen haben keinen Kontakt. Kiefermuskulatur und Gesichtsmuskeln sind entspannt.

✱ Von der Alltagswahrnehmung in die Sammlung kommen. Die Aufmerksamkeit zu den Füßen lenken. Wie stehen die Füße auf dem Boden? Wie fühlen sich Sprung- und Kniegelenke an? Kannst du dir vorstellen, dass die Gelenke weit geöffnete Durchgänge sind und keine engen Verschlüsse? Wie spürst du die Unterschenkel und die Oberschenkel? Wie nimmst du das Becken wahr und wie sitzt du auf dem Stuhl? Wie nimmst du den Rücken und die Wirbelsäule wahr? Ist die Bauchmuskulatur locker? Wie nimmst du den Brustkorb wahr und wie die Schultern? Ist es möglich, dass sich die Schultern ohne Spannung senken? Wie nimmst du die Muskulatur in den Armen wahr? Kannst du dir vorstellen, dass die Ellbogen- und Handgelenke weit geöffnete Durchgänge sind? Wie nimmst du die Hände wahr? Wie nimmst du den Nacken und die Kehle wahr? Kannst du dir die Kehle als große Öffnung vorstellen, so ähnlich wie ein Rohr mit großem Durchmesser? Wie nimmst du Kiefermuskulatur und Lippen wahr? Wie die Gesichtsmuskeln, die Nase und die Augen?

✱ Wie ist deine Stimmung in diesem Moment? Welche Gefühle tauchen auf? Welche Gedanken gehen dir jetzt gerade durch den Kopf?

✱ Wie nimmst du den Atem wahr? Lass den Atem frei fließen und beeinflusse ihn nicht durch deinen Willen: Wo spürst du Atembewegungen?

Schmiegen

FÜR NACHGIEBIGKEIT UND SANFTHEIT

✱ Aufrecht sitzen. Die Füße haben guten Bodenkontakt, Bauchdecke und Schultern sind locker. Die Hände liegen auf den Oberschenkeln. Oder: aufrechter Stand. Die Füße stehen parallel und hüftknochenbreit auseinander. Knie, Bauchmuskeln und Schultern sind locker. Die Augen sind geschlossen.

✱ In die Sammlung kommen.

✱ Mit der rechten Flanke in den Außenraum schmiegen und wieder in die aufrechte Sitzhaltung zurückschwingen.

✱ Mit der linken Flanke in den Außenraum schmiegen und wieder in die aufrechte Sitzhaltung zurückkommen.

✱ Mit dem Rücken in den Außenraum schmiegen und wieder in die aufrechte Sitzhaltung zurückkommen.

✱ Mit dem Oberbauch in den Außenraum schmiegen und wieder in die aufrechte Sitzhaltung zurückkommen.

✱ Beobachte: Wie stellt sich der Atem auf die Bewegung ein? Wahrscheinlich wirst du feststellen, dass beim Schmiegen der Einatem kommt und beim Lösen der Ausatem geht.

✱ Mehrmals wiederholen.

✱ Nachspüren.

Schwingen um die senkrechte Achse

FÜR LEICHTIGKEIT UND FLEXIBILITÄT

✱ Aufrechter Stand. Die Füße stehen parallel und hüftknochenbreit auseinander. Knie, Bauchmuskeln und Schultern sind locker. Die Arme hängen locker herab. Die Augen sind geöffnet.

✱ Mit beiden Armen abwechselnd nach rechts und nach links um den Rumpf herumschwingen. Das Becken bleibt ruhig und nach vorne ausgerichtet. Die Schultern und der Oberkörper drehen sich dabei um die Achse der Wirbelsäule.

✱ Am Ende einer Drehung legen sich die Hände um den Körper und die Knie und Sprunggelenke beugen sich, sodass ein leichtes Wippen entsteht.

✱ Nach einiger Zeit wird die Bewegung größer und Kopf und Hals bewegen sich ebenfalls. Der Blick folgt den Armen.

✱ Nun wird die Bewegung erneut größer und das Becken und das Bein werden mit zur Seite gedreht.

MOMENTAUFNAHME:

BIST DU IN VERBINDUNG MIT DEINEM ATEM?

✱ Nach einiger Zeit werden die Bewegungen wieder kleiner und beide Füße bleiben ruhig auf dem Boden stehen.

✱ Den Blick nach vorne richten, die Arme ausschwingen lassen.

✱ Nachspüren.

Zwerchfell aktivieren
FÜR LEBENDIGKEIT UND GUTE LAUNE

✱ Aufrecht sitzen. Die Augen sind geschlossen.

✱ Die Hände seitlich auf die Flanken legen.

✱ Auf einem langen „Schschschschsch" ausatmen.

✱ Auf „schschschsch" einatmen.

✱ Das Tempo steigern und am Ende ganz kurz und schnell hintereinander auf „sch" ein- und ausatmen.

✱ Einige Male wiederholen.

✱ Nachspüren.

Mitte verdrehen
FÜR SELBSTVERTRAUEN UND GLEICHGEWICHT

✱ Aufrecht sitzen. Die Augen sind geöffnet.

✱ Den rechten Arm in Schulterhöhe in einem runden Bogen vor den Körper halten. Die Handflächen zeigen nach außen.

✱ Die linke Hand liegt auf dem Sessel/Hocker.

✱ Die erhobene rechte Hand in Richtung linker Schulter drehen. Der Blick geht mit der rechten Hand mit, sodass sich der Kopf ebenfalls nach links dreht.

✱ Dabei aufgerichtet sitzen bleiben (Oberkörper nicht zur Seite oder zurücklehnen).

✱ Den rechten Arm und den Kopf wieder in die Ausgangshaltung zurückbewegen.

✱ Der Einatem kommt während der Drehbewegung. Der Ausatem geht beim Zurückkommen in die Ausgangshaltung.

✱ Auf einem stimmlosen „Huh" ausatmen.

✱ Den Bewegungsablauf mehrmals mit dem rechten Arm wiederholen.

✱ Nachspüren.

✱ Nun die Übung auf der linken Seite mehrmals wiederholen.

✱ Abschließend nachspüren.

Mittlerer Kreis der kosmischen Übung
FÜR OFFENHEIT UND ZENTRIERUNG

✱ Aufrecht sitzen. Die Füße haben guten Bodenkontakt, Bauchdecke und

Schultern sind locker. Oder: aufrechter Stand. Die Füße stehen parallel und hüftknochenbreit auseinander. Knie, Bauchmuskeln und Schultern sind locker. Die Augen sind geöffnet.

✱ Die Finger beider Hände (außer den Daumen) liegen an den Außenseiten aneinander. Die Fingerkuppen liegen auf dem Oberbauch, unterhalb der Brustbeinspitze.

✱ Die Hände nach vorne bewegen und die Arme zur Seite ausbreiten.

✱ Darauf achten, dass die Hände in Höhe des Oberbauchs bleiben und nicht zu hoch hinaufgezogen werden. Die Schultern bleiben locker.

✱ Die Arme zur Mitte zurückbewegen, sodass die Fingerkuppen wieder den Oberbauch berühren.

✱ Öffne dich bewusst, nimm dir Raum und kehre danach wieder in deine Mitte zurück.

✱ Beobachte deinen Atem: Wahrscheinlich kommt der Einatem während der Öffnung und der Ausatem beim Zurückführen der Arme.

✱ Variation: Den Ausatem auf einem langen „F" ausströmen lassen.

✱ Diese Bewegung mehrmals wiederholen.

Abschluss: „O" tönen

Das „O" ist senkrecht in der Mitte des Rumpfes spürbar. Die untere Begrenzung befindet sich ungefähr zwei Zentimeter oberhalb des Nabels, die obere Begrenzung etwa in Höhe der 4. bis 6. Rippen. Der Vokal „O" wirkt zentrierend, ausgleichend und beruhigend.

✱ Aufrecht und hüftknochenbreit mit gutem Kontakt zum Boden stehen. Knie, Schultern und Bauchmuskeln sind locker.

✱ Beim Einatmen leicht in die Knie gehen. Der Oberkörper bleibt dabei gerade, lediglich das Becken „zieht" nach unten.

✱ Beim Ausatmen hochkommen, indem du dich mit den Füßen vom Boden wegdrückst.

✱ Die Bewegung nach oben zuerst mit einem Ausatmen auf „schschsch" verbinden.

✱ Das „Schschsch" schließlich in Ton verwandeln und beim Hochdrücken in mittlerer Lage ein „O" tönen.

- Wichtig: Die Lippen dabei zu einem überdeutlichen „O“ formen und überdeutlich artikulieren.

- In der aufgerichteten Haltung die Einatempause abwarten; danach beim Einatmen erneut in die Knie gehen und auf „ooo“ hochkommen.

- Mehrmals wiederholen.

- Zuerst im Stehen, dann im Sitzen nachspüren.

Übungssequenz 2

Körperreise

Siehe Beschreibung auf Seite 95.

Dehnen

FÜR WOHLGEFÜHL, WACHHEIT UND WEITE

- Aufrecht sitzen. Die Füße haben guten Bodenkontakt, Bauchdecke und Schultern sind locker. Oder: aufrechter Stand. Die Füße stehen parallel und hüftknochenbreit auseinander. Knie, Bauchmuskeln und Schultern sind locker. Die Augen sind geöffnet.

- In die Sammlung kommen. Mehrmals den rechten Arm nach oben dehnen (nicht strecken!) und wieder lösen.

- Beobachte: Wie stellt sich der Atem auf die Bewegung ein? Wahrscheinlich wirst du feststellen, dass beim Dehnen der Einatem kommt und beim Lösen der Ausatem geht. Kurz nachspüren und wahrnehmen: Fühlst du einen Unterschied zwischen den beiden Seiten?

- Den linken Arm einige Male nach oben dehnen und wieder lösen. Erneut nachspüren. Was hat das Dehnen in Bezug auf die körperliche Wahrnehmung bewirkt? Gibt es eine Auswirkung auf den Atem? Hat sich deine Stimmung, dein emotionaler Zustand, verändert?

Becken klopfen und Beine ausstreichen

FÜR GELASSENHEIT UND FLEXIBILITÄT

- Aufrecht sitzen. Die Füße haben guten Bodenkontakt, Bauchdecke und Schultern sind locker.

- Mit lockeren Fäusten die Beckenrückseite abklopfen.

- Danach mit den Händen an den Außenseiten der Beine hinunterstreichen.

- Über die Füße streichen.

* Wichtig: den Kopf dabei locker hängen lassen.

* Über die Innenseiten der Beine wieder nach oben streichen.

* Über die Leisten und Flanken wieder zur Beckenrückseite streichen.

* Den Atem frei fließen lassen.

* Einige Male wiederholen.

* Zum Schluss aufrecht sitzen und nachspüren: Wie nimmst du deinen Körper nun wahr? Wo und mit welcher Intensität spürst du deinen Atem?

MOMENTAUFNAHME:

SIND DEINE GEDANKEN IM JETZT?

Rumpfmitte kreisen

FÜR SELBSTVERTRAUEN UND SICHERHEIT

* Aufrecht sitzen. Die Augen sind geschlossen.

* Aus der Rumpfmitte heraus nach rechts kreisen.

* In die rechte Flanke hineindehnen; nach vorne und in die linke Flanke und schließlich in den mittleren Rücken dehnen.

* Der Kopf folgt ganz von allein.

* Bauch locker lassen; nicht mit dem gesamten Oberkörper in den Raum dehnen.

* Die Richtung wechseln.

* Den Atem während der gesamten Übung frei fließen lassen.

* Nachspüren.

Fingerkuppen der Mittelfinger zusammendrücken

Einfache Übung für immer und überall!

FÜR ZENTRIERTHEIT UND INNERE AUSGEGLICHENHEIT

* Aufrecht sitzen.

* Die Kuppen der Mittelfinger vor dem Oberbauch aneinander drücken und wieder lösen.

* Den Atem von selbst entstehen lassen, die Atempause abwarten.

✱ Der Einatem kommt beim Aneinanderdrücken der Fingerkuppen, der Ausatem geht beim Lösen.

✱ Aktiviert die Flankenatmung.

✱ 7 Mal wiederholen.

H plus Vokal und Umlaut tönen

FÜR GUTE LAUNE UND SELBSTBEWUSSTSEIN

✱ Aufrecht sitzen. Die Augen sind geschlossen.

✱ Ein „H" in Verbindung mit Vokalen und Umlauten tönen: zum Beispiel „Ha", „He", „Ho", „Hü", …

✱ Mit der Länge der Töne spielen: mal ein kurzes „Ha", dann ein langes „Ho", schließlich vielleicht ein „Hööööhöhöhööö".

✱ Nicht über die „H"-Vokal-Umlaut-Verbindungen nachdenken, sondern einfach dem nächsten Impuls folgen.

✱ Vorstellung: Die Töne entstehen in der Mitte des Bauchs.

✱ In der Bewegung üben.

✱ Die Augen sind geöffnet.

✱ Im Einatem kippt das Becken nach hinten und auch die Arme schwingen gleichzeitig nach hinten.

✱ Beim Tönen (tönen = ausatmen) das Becken aufrichten und die Arme nach vorne schwingen lassen.

✱ Auch der Blick geht beim Tönen nach vorne.

✱ Nachspüren.

Abschluss: „O" tönen

Siehe Beschreibung auf Seite 98 f.

ABENDÜBUNG Wofür bist du heute dankbar?

REZEPTE für Balance und Fokus

WARMER FRÜHSTÜCKSBREI

Dieser Frühstücksbrei ist schnell zubereitet, wärmt von innen, wirkt ausgleichend und macht satt. Er enthält Magnesium, Eisen, Ballaststoffe, Vitamin B6 und Zink und ist somit ein wichtiger Nährstofflieferant für die Haare und ein wertvoller Unterstützer für die Verdauung.

ZUTATEN FÜR 2 PORTIONEN

4 EL BRAUNHIRSEMEHL ✱ 4 EL AMARANT, GEPOPPT ✱ 4 EL HAFERVOLLKORNFLOCKEN ✱ 4 EL REISFLOCKEN ✱ 1 GROSSER APFEL ✱ 1 BANANE ✱ ETWA ¼ L MANDELDRINK ✱ ZIMT ✱ ½ TL GEMAHLENE VANILLE ✱ 1 TL HONIG

ZUBEREITUNG

Apfel und Banane in kleine Stücke schneiden und in einen Topf geben. Braunhirse, Hafervollkornflocken, Amarant, Reisflocken und Mandeldrink hinzufügen und bei schwacher Hitze zugedeckt 5–8 Minuten kochen lassen. Eventuell noch etwas mehr vom Mandeldrink dazugeben, falls der Brei zu dick wird. Zum Schluss den Brei mit Honig, Zimt und Vanille süßen und servieren.

PASTA MIT ARTISCHOCKEN

Die Pasta mit dem gewissen Etwas! Die Artischocke unterstützt uns laut der Traditionellen Chinesischen Medizin dabei, das richtige Maß zwischen Ausschweifung und Selbstbeschränkung zu finden. Außerdem hält sie den Blutzucker stabil, fördert die Verdauung, schützt das Herz und senkt das Cholesterin. Tomaten wiederum sind kleine Schönmacher: Ihnen wird nachgesagt, dass sie dem vorzeitigen Alterungsprozess entgegenwirken und Herz und Prostata unterstützen.

ZUTATEN FÜR 2 PORTIONEN

4 KNOBLAUCHZEHEN ✱ 1 ZWIEBEL ✱ 2 EL OLIVENÖL ✱ 600 G TOMATEN ✱ 30 G GETROCKNETE TOMATEN IN ÖL ✱ 1 EL TOMATENMARK ✱ 1 TL REISSIRUP ODER AHORNSIRUP ✱ 1 EL WEISSES MANDELMUS ODER CREME FRAÎCHE ✱ 6–8 ARTISCHOCKENHERZEN IN ÖL ✱ FRISCH GEMAHLENER SCHWARZER PFEFFER ✱ SALZ ✱ 1 EL GETROCKNETES ODER GEHACKTES FRISCHES BASILIKUM ✱ 200 G DINKEL-PENNE

ZUBEREITUNG

Dinkelnudeln nach Packungsangabe kochen, bis sie bissfest sind. In einem Sieb abgießen und mit kaltem Wasser abschrecken.

Knoblauch und Zwiebel schälen und fein hacken. Olivenöl in einer Pfanne erhitzen und Knoblauch- und Zwiebelstückchen darin andünsten. Die Tomaten waschen, in kleine Stücke schneiden und mit in die Pfanne geben. Die getrockneten Tomaten fein hacken und gemeinsam mit dem Tomatenmark ebenfalls in die Pfanne geben. Basilikum, Reissirup (oder Ahornsirup) und Mandelmus (oder Creme fraîche) unterheben.

Artischocken kurz abtropfen lassen. Je nach Wunsch halbieren oder vierteln und in die Pastasauce mischen. Alles kurz aufkochen lassen und die Sauce mit Salz und Pfeffer würzen.

SÜSSWASSERFISCH
MIT APFEL-FENCHEL-GEMÜSE

Dieses Gericht bringt dich in deine Balance, denn es fördert eine gute Verdauung, welche die Voraussetzung für inneres und äußeres Gleichgewicht ist. Fenchel hat einen hohen Gehalt an ätherischen Ölen, die den Magen und die Verdauung unterstützen und die entzündungshemmend wirken. Außerdem hat er beinahe doppelt so viel Vitamin C wie Orangen und enthält viel Eisen. Äpfel wirken aufgrund ihrer antioxidativen Substanzen positiv auf die Atmung und fördern ebenfalls die Verdauung.

ZUTATEN ÜR 4 PORTIONEN

WELS-, KARPFEN- ODER LACHSFORELLENFILET * OLIVENÖL * KNOBLAUCHÖL * SALZ * FRISCH GEMAHLENER PFEFFER

APFEL-FENCHEL-GEMÜSE: 2 FENCHELKNOLLEN * 1 KLEINER APFEL (SÄUERLICH) * 1/8 L ORANGENSAFT * 1 TL ZUCKER

ZUBEREITUNG

Fisch salzen und Olivenöl in einer Pfanne erhitzen. Den Fisch in die Pfanne geben und an der Hautseite braten, bis er glasig ist. Zum Schluss mit etwas Knoblauchöl beträufeln.

Apfel und Fenchel in kleine Stücke schneiden. In einer zweiten Pfanne den Zucker karamellisieren lassen; den Fenchel darin anschwitzen und mit Orangensaft ablöschen. Dann die Apfelstücke dazugeben und weich dünsten.

Die Fischfilets mit Pfeffer und Salz würzen und mit dem Apfel-Fenchel-Gemüse anrichten.

MANDEL-BISKOTTI
À LA GUNDI

Ein Snack, der zu Schönheit und Gelassenheit führt! Mandeln enthalten viel Vitamin E, was die Haut gesund hält, und nervenstärkendes Vitamin B. Sie bestehen zu 19 Prozent aus hochwertigem Eiweiß und sättigen, ohne dick zu machen.

FÜR CA. 45 STÜCK

250 G DINKELMEHL ✸ 1½ TL BACKPULVER ✸ 150 G KOKOSBLÜTENZUCKER ✸ 100 G BLANCHIERTE MANDELN ✸ 2 EIER, VERKLOPFT ✸ 1 TL VANILLEEXTRAKT

ZUBEREITUNG

Den Ofen auf 160 Grad vorheizen. Mehl, Backpulver, Zucker und Mandeln in einer Schüssel vermischen.

Eier und Vanilleextrakt dazugeben und alles zu einem homogenen Teig verarbeiten (das kann eine Weile dauern; den Teig am besten auf leicht bemehlter Unterlage von Hand kneten).

Den Teig in zwei Portionen teilen, beide Teile etwas flachdrücken, auf ein gefettetes Blech geben und 30 Minuten backen.

Aus dem Ofen nehmen und vollständig auskühlen lassen. Die Biscotti-Laibe in 5 cm dicke Scheiben schneiden, auf ein mit Backpapier belegtes Blech verteilen und 10 bis 15 Minuten knusprig backen.

CREMIGER SCHOKOLADEN-SMOOTHIE

Roher Kakao ist sehr reich an Magnesium, schützt die Zellen mit wichtigen Antioxidantien und liefert Inhaltsstoffe, die das Glücksgefühl steigern, die Verdauung fördern und den Blutdruck senken. Er entspannt den Körper und sorgt gleichzeitig für mehr Konzentration und Energie.

ZUTATEN

½ L MANDELMILCH (UNGESÜSST) ✱ 2 GEFRORENE BANANEN ✱ 1 AVOCADO ✱ 2 TL ROHES KAKAOPULVER (UNGESÜSST) ✱ 2 TL HONIG

ZUBEREITUNG

Alles in den Mixer geben und pürieren.

Angst beginnt im Kopf. **Mut** auch.

Unbekannter Verfasser

MUT

Veränderung

Es passiert immer ganz plötzlich: In mir entsteht der dringende Wunsch nach Veränderung. Meistens reagiere ich auf dieses Gefühl zuerst einmal verwirrt. War nicht gerade noch alles gut? Habe ich es mir nicht gerade noch in meiner Komfortzone so schön gemütlich gemacht und diesen Zustand genossen? Habe ich nicht gerade noch geglaubt, dass das, was ist, das ist, was ich will? Jedoch: Hat der Ruf nach Veränderung erst einmal eingesetzt, will er nicht mehr verstummen. So sehr ich die Ohren auch verschließe, die Melodie der Verheißung dringt zu mir durch, wird lauter und lauter – bis ich mich ihr nicht mehr entziehen kann und will und sich freudige Unruhe in mir ausbreitet. Ich kann „das Neue“ dann bereits mit allen Sinnen erahnen, so, wie man nach einem langen Winter den Frühling förmlich riechen, spüren, schmecken, sehen und hören kann. Ich fühle mich lebendig, schmiede Pläne, genieße das Kribbeln und die Vorfreude. Und dann kommt die Angst. Ich erstarre und zweifle: Bin ich gerade dabei, Mut mit Übermut zu verwechseln? Werde ich die Veränderung später einmal bereuen? Bin ich dabei, einen anderen Menschen, oder auch mich selbst, zu verletzen?

Veränderungen können schon recht furchteinflößend sein. Schließlich weiß man nicht, was einen erwartet und wie es danach sein wird. Das Aktuelle mag sich vielleicht nicht so toll anfühlen – aber es ist zumindest bekannt. Das Leben in der Komfortzone lockt eben mit der Wohligkeit des Altbewährten, und das hat durchaus seinen Charme. Weiterentwicklung und Lebendigkeit passieren allerdings genau dort, wo die Komfortzone endet und die Risikozone beginnt. Und Risikozone bedeutet eben: Veränderung. Wollen wir, dass sich etwas ändert, müssen wir etwas ändern. Wer nicht gestaltet, wird gestaltet.

> „DER ATEM IST EIN UNFEHLBARES LICHT AUF DEM WEG, SICH SELBST KENNENZULERNEN UND SICH WEITERZUENTWICKELN."
>
> Ilse Middendorf, Atempädagogin

Gestaltungskraft ist eine Eigenschaft des Mutigen. Etwas zu verändern heißt, JA zu etwas Neuem zu sagen, was bedeutet, dass man zu etwas anderem NEIN sagen muss und damit möglicherweise jemanden verletzt. Veränderung bedeutet manchmal auch Schmerz. Menschen tun einander weh. Manchmal absichtlich, manchmal, ohne es zu wollen. Und manchmal bemerken sie es nicht einmal. Wir können uns natürlich wünschen, dass niemand uns verletzt, aber beeinflussen können wir es nicht. Wir können aber sehr wohl entscheiden, wie wir mit Kränkungen und Verletzungen umgehen. Die Dinge können wir nicht beeinflussen – die Sicht auf die Dinge aber sehr wohl. Wollen wir unser Schicksal bejammern oder versuchen, das Beste aus der Situation zu machen? Wollen wir uns in der Opferrolle verlieren oder unser Leben in die Hand nehmen und gestalten? Lassen wir uns von unserer Umwelt herumschubsen oder übernehmen wir die Verantwortung für unser Handeln? Schon immer hat mir der Gedanke gefallen, wonach wir auf menschlicher Ebene Zorn, Wut, Hass, Verliebtheit, Eifersucht, Neid oder Anziehung empfinden können, dass jedoch auf spiritueller Ebene all dies nicht existiert. Auf spiritueller Ebene sind wir gleichwertige Wesen, die voneinander lernen und sich gegenseitig bei der Weiterentwicklung unterstützen. Gerade jene Menschen, die es uns nicht immer leicht gemacht haben, sind oftmals am Ende die für uns bedeutsamsten. Klar – wenn dich dein Mann für eine andere Frau verlässt, wirst du zuerst vermutlich einmal

trauern und ihn und seine neue Freundin insgeheim zur Hölle schicken. Du wirst die beiden für deine Tränen und deine Unsicherheit verantwortlich machen - und vielleicht auch für alles andere, das dir sonst noch widerfährt (und im Grunde gar nichts mit den beiden zu tun hat)! Nach einiger Zeit, wenn der große Schmerz verebbt ist, stellst du aber vielleicht fest, dass du durch die Trennung selbstständiger und selbstsicherer geworden bist und auf einmal mehr Zeit für dich selbst und für deine Freundinnen hast, was du genießt. Du entdeckst neue Dinge, die dich inspirieren, und siehst beim Blick in den Spiegel auf einmal ein ganz neues Strahlen in dir. Irgendwann verliebst du dich wieder in jemanden und dankst deinem Exmann, weil er dir durch die Trennung die neuen Schmetterlinge im Bauch erst möglich gemacht hat. Du kannst nach einem Sturz liegen bleiben oder wieder aufstehen und weitergehen. Du kannst den Menschen, der dir wehgetan hat, für alle Ewigkeit hassen oder ihm vergeben und die Veränderung als Chance für dich begreifen. Du kannst die anderen über deine Lebenszeit entscheiden lassen oder du kannst selbst beginnen, Pläne zu schmieden. Du kannst den Blick auf das Schreckliche richten oder die Möglichkeit sehen, dass das, was in diesem Augenblick das Schrecklichste für dich ist, sich als das Beste für dich herausstellen kann. Es ist immer deine Wahl.

DAS
GEHEIMNIS
VON
FREIHEIT
IST
MUT.

Perikles

Tue etwas **Wunderbares** Die Menschen könnten es nachahmen.

Albert Schweitzer

Die Kraft
der Stimme

In meinem Büro hängt ein Bild mit dem Satz: „Be a voice, not an echo." Ich finde, dieser Satz bringt es auf den Punkt. Mutige Menschen setzen ihre Stimme ein und sind nicht bloß ein Echo. Die eigene Stimme authentisch zu gebrauchen, Bedürfnisse klar zu äußern und Dinge einzufordern schafft Freiraum. Das ist die Erfahrung, die du in dieser Woche vielleicht machst: Mutig zu sein macht dich frei und selbstbestimmt.

SO WIRD DIE STIMME GEBILDET

Bei der PHONATION (= Stimmbildung) werden die Stimmbänder durch einen Luftstrom in regelmäßige Schwingungen versetzt.

Die TONHÖHE hängt von der Schwingungsfrequenz der Stimmbänder ab (schnelle Schwingungen – hoher Ton; langsamere Schwingungen – tiefer Ton).

Die LAUTSTÄRKE und die STIMMKRAFT hängen von der Stärke des Luftstroms ab.

Die KLANGFARBE und die FÜLLE der Stimme werden im Resonanzraum von Rachen, Mund und Nasenhöhle erzeugt.

Beim Tönen am Ende der Atem-Bewegung-Stimme-Übungssequenzen nützen wir die Kraft der Stimme für die Entwicklung der Ich Kraft. Tönen bewirkt Bewegung und Schwingung von innen her, schafft Raum, regt die Atmung an und fördert vor allem den Ausatem. Jeder Vokal entsteht in einem anderen Atemraum und hat eine spezielle Wirkung auf uns: Das „U" wirkt beruhigend, das „O" zentrierend, das „E" belebend, das „Ö" macht fröhlich, das „Ä" gibt Kraft und das „A" stärkt das Selbstbewusstsein. Das I sorgt für Klarheit und Wachheit, das Ü fördert das Hochgefühl.

Resilienz

Mutige Menschen verfügen über ein hohes Maß an Resilienz. Resilienz ist die Fähigkeit, sich in schwierigen Lebenssituationen nicht unterkriegen zu lassen und nach Rückschlägen wieder aufzustehen. Resiliente Menschen verkriechen sich nicht in der Opferrolle, sondern sehen schwierige Situationen als Möglichkeit für die eigene Persönlichkeitsentwicklung.

Diese Faktoren machen uns innerlich stark:

1. **Optimismus:** in unsicheren Situationen eine zuversichtliche Haltung einnehmen.
2. **Akzeptanz:** die Fähigkeit, Unabänderliches hinzunehmen.
3. **Lösungsorientierung:** aktiv werden, die eigene Aufmerksamkeit auf produktives Handeln richten und nicht aufs Problem.
4. **Die Opferrolle verlassen und Selbstverantwortung übernehmen:** erkennen, dass man selbst für sein Leben verantwortlich ist und es formen kann.
5. **Netzwerke bilden und Beziehungen gestalten:** sich trauen, um Hilfe zu bitten und diese anzunehmen.
6. **Zukunftsorientierung:** die Zukunft planen und gut für sich selbst sorgen.

Menschen investieren viel Zeit und Geld, um ihrer Idealvorstellung von sich selbst näherzukommen. Ich bin nicht sicher, ob dies der Weg ist, der zum Glücklichsein führt. Mutig sein heißt, sich selbst als Gesamtpaket mit all den vielen Eigenschaften, Eigenheiten, Erfahrungen und Talenten anzunehmen. Sich ständig zu kritisieren bringt am Ende des Tages nichts, denn wer weiß: Etwas, das für dich selbst einen großen Makel darstellt, empfindet dein Gegenüber womöglich als sehr, sehr liebenswert.

So wie in der **Geschichte vom kaputten Krug.**

Es war einmal ein Wasserträger in Indien. Auf seinen Schultern ruhte ein schwerer Holzstab, an dem rechts und links je ein großer Wasserkrug befestigt war.
Nun hatte einer der Krüge einen Sprung. Der andere hingegen war perfekt geformt und mit ihm konnte der Wasserträger am Ende seines langen Weges vom Fluss zum Haus des Herrn eine volle Portion Wasser abliefern.
In dem kaputten Krug war hingegen immer nur etwa die Hälfte des Wassers, wenn er beim Haus ankam.
Zwei Jahre lang lieferte der Wasserträger seinem Herrn also einen vollen und einen halbvollen Krug. Der perfekte der beiden Krüge war natürlich sehr stolz darauf, dass der Wasserträger in ihm immer eine volle Portion transportieren konnte. Der Krug mit dem Sprung hingegen schämte sich, dass er durch seinen Makel nur halb so gut war wie der andere Krug. Nach zwei Jahren Scham hielt der kaputte Krug es nicht mehr aus und sprach zu seinem Träger: „Ich schäme mich so für mich selbst und ich möchte mich bei dir entschuldigen." Der Wasserträger schaute den Krug an und fragte: „Aber wofür denn? Wofür schämst du dich?" „Ich war die ganze Zeit nicht in der Lage, das Wasser zu halten, sodass du durch mich immer nur die Hälfte zu dem Haus deines Herrn bringen konntest. Du hast die volle Anstrengung, bekommst aber nicht den vollen Lohn, weil du immer nur anderthalb statt zwei Krüge Wasser ablieferst", sprach der Krug. Dem Wasserträger tat der alte Krug leid und er wollte ihn trösten: „Achte, wenn wir zum Haus meines Herrn gehen, auf die wundervollen Wildblumen am Straßenrand!" Der Krug konnte daraufhin ein wenig lächeln, und so machten sie sich auf den Weg. Am Ende des Weges jedoch fühlte sich der Krug wieder ganz elend und entschuldigte sich erneut zerknirscht bei dem Wasserträger. Der aber erwiderte: „Hast du die Wildblumen am Straßenrand gesehen? Ist dir aufgefallen, dass sie nur auf deiner Seite des Weges wachsen, nicht aber auf der, wo ich den anderen Krug trage? Ich wusste von Beginn an von deinem Sprung. Und so habe ich einige Wildblumensamen gesammelt und sie auf deiner Seite des Weges verstreut. Jedes Mal, wenn wir zum Haus meines Herrn liefen, hast du sie gewässert. Ich habe jeden Tag einige dieser wundervollen Blumen pflücken können und damit den Tisch meines Herrn dekoriert. Und all diese Schönheit hast du geschaffen."

PERFECT
IS BORING.

HUMAN IS
BEAUTIFUL.

MENTALÜBUNG: EINE MINUTE MUT

Mut beginnt damit, dass du die Verantwortung für dein Handeln übernimmst und aufhörst, andere für deine Lage verantwortlich zu machen. Mut ist kein Talent, das man eben hat oder nicht – Mut ist erlern- und trainierbar! Eine Minute am Tag reicht, um etwas zu erledigen, das einem innerlich Angst macht. Sei es ein wichtiger Anruf oder jemandem etwas zu sagen, das man schon lange auf dem Herzen hat. Hältst du dieses kleine Mut-Programm eine Woche lang durch, bist du schon einen großen Schritt mutiger geworden – und möchtest vielleicht gar nicht mehr damit aufhören!

Atem Bewegung Stimme

UNTERER ATEMRAUM

Ich Kraft bedeutet, den Mut zu haben, zu etwas ja oder nein zu sagen und danach zu handeln. Dafür braucht es ein hohes Maß an Stellkraft und Erdung. In dieser Woche liegt der Fokus auf dem unteren Atemraum, er stärkt in uns das Gefühl von Sicherheit und Selbstständigkeit.

Übungssequenz 1

Körperreise

✱ Aufrecht auf einem Stuhl sitzen. Die Füße haben guten Bodenkontakt, die Beine sind leicht geöffnet. Die Hände liegen auf den Oberschenkeln. Bauchdecke und Schultern sind locker. Augen und Lippen sind leicht geschlossen, die Zahnreihen haben keinen Kontakt. Kiefermuskulatur und Gesichtsmuskeln sind entspannt.

✱ Von der Alltagswahrnehmung in die Sammlung kommen. Die Aufmerksamkeit zu den Füßen lenken. Wie stehen die Füße auf dem Boden? Wie fühlen sich Sprung- und Kniegelenke an? Kannst du dir vorstellen, dass die Gelenke weit geöffnete Durchgänge sind und keine engen Verschlüsse? Wie spürst du die Unterschenkel und die Oberschenkel? Wie nimmst du das Becken wahr und wie sitzt du auf dem Stuhl? Wie nimmst du den Rücken und die Wirbelsäule wahr? Ist die Bauchmuskulatur locker? Wie nimmst du den Brustkorb wahr und wie die Schultern? Ist es möglich, dass sich die Schultern ohne Spannung senken? Wie nimmst du die Muskulatur in den Armen wahr? Kannst du dir vorstellen, dass die Ellbogen- und Handgelenke weit geöffnete Durchgänge sind? Wie nimmst du die Hände wahr? Wie nimmst du den Nacken und die Kehle wahr? Kannst du dir die Kehle als große Öffnung vorstellen, so ähnlich wie ein Rohr mit großem Durchmesser? Wie nimmst du Kiefermuskulatur und Lippen wahr? Wie die Gesichtsmuskeln, die Nase und die Augen?

✱ Wie ist deine Stimmung in diesem Moment? Welche Gefühle tauchen auf? Welche Gedanken gehen dir jetzt gerade durch den Kopf?

✱ Wie nimmst du den Atem wahr? Lass den Atem frei fließen und beeinflusse ihn nicht durch deinen Willen: Wo spürst du die Atembewegungen?

Körper streichen

FÜR SAMMLUNG UND DAS BEWUSSTSEIN FÜR KLARE GRENZEN

✱ Aufrecht sitzen. Die Augen sind geschlossen.

✱ Mit der linken Hand über die rechte Hand den Arm hinaufstreichen – und weiter über die Schulter und das Brustbein hinunter bis zum Oberbauch.

* Diesen Ablauf drei Mal wiederholen.

* Mit der rechten Hand über die linke Hand den Arm hinaufstreichen – und weiter über die Schulter und das Brustbein hinunter bis zum Oberbauch.

* Diesen Ablauf drei Mal wiederholen.

* Mit beiden Händen vom Oberbauch über die Rippen bis zu den Flanken streichen und weiter über die Außenseiten des Beckens , die Außenseiten der Beine und über die Füße bis zu den Zehen.

* Den Kopf dabei locker hängen lassen.

* Über die Innenseiten der Beine wieder hinaufstreichen, dann über die Leisten und den Beckenkamm nach hinten zum Lendenbereich streichen.

* Diesen Ablauf drei Mal wiederholen.

* Nun alle drei Streichvarianten zu einem Ablauf verbinden:

* Eine Hand streicht über die andere, die Hand streicht über den Arm hinauf zur Schulter und zum Brustbein.

* Dann mit beiden Händen von der Stirn über das Gesicht, den Hals und das Brustbein streichen, weiter mit beiden Händen über die Rippen nach außen und über die Flanken; dann über die Außenseiten des Beckens an den Außenseiten der Beine hinunterstreichen bis zu den Füßen und den Zehen und dann schließlich an den Innenseiten der Beine wieder hinauf über die Leisten, nach hinten zum Lendenbereich. Dann mit der anderen Hand beginnen.

* Den Atem während der gesamten Übung frei fließen lassen.

* Nachspüren.

Gehen im Sitzen und durch den Raum

FÜR ENTSCHLOSSENHEIT UND TATENDRANG

* Aufrecht sitzen. Die Augen sind geöffnet.

* Bewegungen im Sitzen, als würdest du gehen.

* Der linke Arm schwingt im Sitzen nach vorne, während sich das rechte Bein hebt.

* Der linke Arm schwingt nach hinten, während das rechte Bein auf dem Boden aufsetzt.

* Der rechte Arm schwingt nach vorne, während sich das linke Bein hebt.

✱ Der rechte Arm schwingt nach hinten, während das linke Bein auf dem Boden aufsetzt.

✱ So lange, wie es guttut, auf diese Weise im Sitzen gehen.

✱ Den Atem frei fließen lassen.

✱ Aufstehen und kraftvoll durch den Raum gehen.

✱ Die Arme schwingen immer noch locker nach vorne und nach hinten.

✱ Abschließend mit gewohnten Schritten durch den Raum gehen.

✱ Im Stehen nachspüren.

✱ Im Sitzen nachspüren.

MOMENTAUFNAHME:

BIST DU IN VERBINDUNG MIT DEINEM ATEM?

Hüftkreis

FÜR STABILITÄT UND SICHERHEIT

✱ Aufrechter Stand. Die Füße stehen parallel und hüftknochenbreit auseinander. Knie, Bauchmuskeln und Schultern sind locker. Die Arme hängen locker herab. Die Augen sind geöffnet.

✱ Kontakt zum Boden spüren.

✱ Die rechte Hüfte nach vorne schieben, das Knie folgt, die Ferse hebt vom Boden ab.

✱ Die Hüfte nach oben ziehen, weiter nach hinten kreisen und in die Ausgangsposition zurückbringen.

✱ Die Ferse setzt wieder auf dem Boden auf.

✱ Den Ablauf einige Male in einer einzigen fließenden Bewegung wiederholen.

✱ Den Atem frei fließen lassen. Möglicherweise stellt sich der Atem nach einiger Zeit von selbst auf die Bewegung ein und kommt, während die Hüfte nach vorne und nach oben kreist. Beim Nach-hinten- und Nach-unten-Bewegen geht der Atem.

✱ In die Ausgangshaltung zurückkommen und nachspüren: Wie fühlt sich das rechte Bein im Vergleich zum linken an?

✱ Den Ablauf mit der linken Hüfte wiederholen.

✱ Abschließend nachspüren.

Sitzschritte

FÜR LEBENDIGKEIT UND VITALITÄT

✸ Aufrecht auf dem vorderen Teil des Sessels oder des Hockers sitzen.

✸ Die Sitzbeinhöcker spüren.

✸ Das Gewicht abwechselnd auf den einen, dann auf den anderen Sitzbeinhöcker ein paar Mal hin und her verlagern.

✸ In großen „Schritten" mit den Sitzbeinhöckern nach hinten, an den hinteren Rand des Hockers, gehen.

✸ In kleinen „Schritten" mit den Sitzbeinhöckern nach vorne, zum vorderen Rand des Hockers, gehen.

✸ Es bewegt sich hauptsächlich das Becken, der Oberkörper bleibt passiv. Die Schultern bleiben locker. Die Füße stehen auf dem Boden und bewegen sich nicht.

✸ Mehrere Male auf diese Weise mit den Sitzbeinhöckern nach hinten und nach vorne gehen.

✸ Den Atem während der gesamten Übung frei fließen lassen.

✸ Zum Schluss nachspüren.

Eins – zwei – drei – ho!

FÜR SELBSTBEWUSSTSEIN UND GUTE LAUNE

✸ Aufrecht sitzen. Die Arme hängen neben dem Körper nach unten. Die Augen sind geöffnet.

✸ Beide Arme locker nach oben nehmen und drei Mal hinunter- und wieder hinaufschwingen lassen.

✸ Beim Hinunterschwingen der Arme laut „eins, „zwei, drei" zählen.

✸ Beim letzten Hinaufschwingen der Arme die Füße vom Boden abheben und beim nächsten Hinunterschwingen ein lautes „Ho" rufen.

✸ Dabei kraftvoll aufstehen.

✸ Sprung-, Knie- und Hüftgelenke sollten beim Aufstampfen locker und durchlässig bleiben.

✸ Stehen und nachspüren. Den Stand wahrnehmen.

✸ Wieder aufrecht hinsetzen und den Ablauf einige Male wiederholen.

✸ Nachspüren.

Abschluss: „E“ tönen

Der Raum, in dem das „E“ entsteht, sind die Flanken bis zu den Achselhöhlen. Das „E“ bewegt die Flanken weit nach außen. Die Bewegung kannst du dir wie eine horizontal liegende Ellipse vorstellen. Das „E“ bringt uns in die Außenwelt, es fördert Extrovertiertheit, Ausdruck, Bewegungsfreude und gute Laune.

✱ Aufrecht sitzen. Die Füße haben guten Bodenkontakt.

✱ Das Becken langsam nach hinten kippen lassen.

✱ Die Bauchmuskeln bleiben locker.

✱ Der Rücken rundet sich, der Kopf bewegt sich leicht nach vorne.

✱ Das Becken wieder aufrichten. Achtung: Nicht ins Hohlkreuz kippen, sondern auf den höchsten Punkt der Sitzbeinhöcker kommen.

✱ Der Einatem kommt beim Becken-nach-hinten-Dehnen.

✱ Das Aufrichten mit einem stimmlosen „Schschsch“ begleiten

✱ Aufrecht sitzend die Atempause wahrnehmen und abwarten, bis der Körper sich von allein einen neuen Einatem holt. Dann das Becken erneut nach hinten dehnen und wieder aufrichten.

✱ Nun beim Aufrichten in mittlerer Tonlage ein „E“ tönen.

✱ Unterkiefer locker lassen und die Lippen zu einem deutlichen „E“ formen.

✱ Mehrmals wiederholen.

✱ Nachspüren.

Übungssequenz 2

Körperreise

Siehe Beschreibung auf Seite 121.

Dehnen

FÜR WOHLGEFÜHL, WACHHEIT UND WEITE

✱ Aufrecht sitzen. Die Füße haben guten Bodenkontakt, Bauchdecke und Schultern sind locker. Oder: aufrechter Stand. Die Füße stehen parallel und hüftknochenbreit auseinander. Knie, Bauchmuskeln und Schultern sind locker. Die Augen sind geöffnet.

✱ In die Sammlung kommen. Mehrmals den rechten Arm nach oben dehnen (nicht strecken!) und wieder lösen.

✱ Beobachte: Wie stellt sich der Atem auf die Bewegung ein? Wahrscheinlich wirst du feststellen, dass beim Dehnen der Einatem kommt und beim Lösen der Ausatem geht. Kurz nachspüren und wahrnehmen: Fühlst du einen Unterschied zwischen den beiden Seiten?

✱ Den linken Arm einige Male nach oben dehnen und wieder lösen. Erneut nachspüren. Was hat das Dehnen in Bezug auf die körperliche Wahrnehmung bewirkt? Gibt es eine Auswirkung auf den Atem? Hat sich deine Stimmung, dein emotionaler Zustand, verändert?

Schritte in alle Himmelsrichtungen

FÜR VITALITÄT UND SELBSTBESTIMMTHEIT

✱ Aufrecht stehen. Die Füße sind parallel und hüftknochenbreit, Knie, Schultern, Bauch-, und Kiefermuskeln sind locker. Die Augen sind geöffnet.

✱ Einen Schritt auf die rechte Seite machen, das ganze Gewicht auf das rechte Bein verlagern. Sprung- und Kniegelenk des rechten Beins geben leicht nach.

✱ Mit kleinen Schritten beginnen, die Schritte immer größer werden lassen.

✱ Mit dem rechten Fuß kraftvoll in den Boden drücken und so in den hüftknochenbreiten Stand zurückkommen.

✱ Immer wieder das Bein wechseln und auch die Richtung, in die die Schritte gesetzt werden: mal zur Seite, mal nach vorne, nach hinten, in die Diagonale.

✱ Wer will, kann die Arme mit in die Bewegung nehmen. Diese beim Schrittmachen vor dem Körper hängend überkreuzen und beim Abdrücken des Fußes in den Boden zur Seite bis ca. in Schulterhöhe öffnen.

✱ Der Einatem kommt beim Schrittsetzen, der Ausatem geht beim Abdrücken des Fußes vom Boden.

✱ Den Ausatem auf einem stimmlosen „Huh" entlassen.

✱ Nachspüren.

MOMENTAUFNAHME:

BIST DU IM AUGENBLICK?

Becken nach hinten dehnen und auf „sch" aufrichten

FÜR ENTSCHLOSSENHEIT UND SPONTANEITÄT

* Aufrecht sitzen. Die Füße haben guten Bodenkontakt. Die Augen sind geschlossen.

* Die Handflächen nebeneinander auf die Beckenrückseite legen.

* Das Becken langsam nach hinten in die Hände kippen lassen.

* Die Bauchmuskeln bleiben locker.

* Der Rücken rundet sich, der Kopf bewegt sich leicht nach vorne.

* Das Becken wieder aufrichten. Achtung: nicht ins Hohlkreuz kippen, sondern auf den höchsten Punkt der Sitzbeinhöcker kommen.

* Aufrecht sitzend die Atempause wahrnehmen und abwarten, bis der Körper sich von allein einen neuen Einatem holt. Dann das Becken erneut nach hinten dehnen und wieder aufrichten.

* Der Einatem kommt beim Becken-nach-hinten-Dehnen.

* Beim Beckenaufrichten auf einem „Sch" ausatmen.

* Mehrmals wiederholen.

* Nachspüren.

Ringfinger und kleine Finger zusammendrücken

Einfache Übung für immer und überall!

FÜR ERDUNG UND KONZENTRATION

* Aufrecht sitzen.

* Die Kuppen der Ringfinger und der kleinen Finger vor dem Oberbauch aneinanderdrücken und wieder lösen.

* Den Atem von selbst entstehen lassen, die Atempause abwarten.

* Der Einatem kommt beim Aneinanderdrücken der Fingerkuppen, der Ausatem geht beim Lösen.

* Aktiviert die Bauchatmung.

* 7 Mal wiederholen.

Unterer Kreis der kosmischen Übung

FÜR SELBSTSTÄNDIGKEIT UND BESTIMMTHEIT

* Aufrecht stehen. Die Füße sind parallel und hüftknochenbreit, Knie, Schultern, Bauch- und Kiefermuskeln sind locker. Die Augen sind geöffnet.

* Die Finger beider Hände (außer den Daumen) liegen an den Außenseiten aneinander. Die Fingerkuppen liegen auf dem Oberbauch unterhalb der Brustbeinspitze.

* Nach vorne beugen.

* Die Finger gerade nach unten bewegen, bis die Arme locker hängen.

* Der Nacken ist locker, der Kopf hängt locker herab; leicht in die Knie gehen.

* Kopfüber hängend mit beiden Händen einen weiten Kreis beschreiben: nach hinten, hinaus zur Seite, nach vorne – bis die Hände sich vor den Beinen erneut berühren.

* Aufrichten – von der Lendenwirbelsäule beginnend bis zur Brustwirbelsäule; Schultern und Kopf kommen zum Schluss.

* Die Finger liegen dabei wieder an den Außenseiten aneinander, die Fingerkuppen zeigen zum Körper und wandern entlang der Mittellinie hinauf bis zu ihrer Ausgangsposition unterhalb der Brustbeinspitze.

* Einige Male wiederholen.

* Der Einatem kommt beim Hinunterbeugen und „Kreisbeschreiben", der Ausatem geht beim Aufrichten.

* Auf einem stimmlosen „Huh" ausatmen.

* Zuerst im Stehen, dann im Sitzen nachspüren.

Abschluss: „E" tönen

Siehe Beschreibung auf Seite 125.

ABENDÜBUNG Wofür bist du heute dankbar?

REZEPTE für Mut und Entschlossenheit

HAFERBROT

Das beste Brot der Welt – nach einem Rezept meiner Mutter. Schmeckt hervorragend und kann noch mehr: Dem Getreide Hafer wird in der Naturheilkunde eine heilende Wirkung nachgesagt. Hafer enthält viele Ballaststoffe und wirkt daher positiv auf Magen und Darm.

ZUTATEN

3 EL HAFERFLOCKEN ✸ 350 G DINKELVOLLKORNMEHL ✸ 100 G FEINE HAFERFLOCKEN ✸ 200 G KERNIGE HAFERFLOCKEN ✸ 2 TL SALZ ✸ ½ TL GEMAHLENER KORIANDER ✸ ½ TL GEMAHLENER MUSKAT ✸ 1 WÜRFEL GERM ✸ 1 TL HONIG ✸ 2 EL APFELESSIG ✸ 500 ML LAUWARMES WASSER ✸ ETWAS BUTTER

ZUBEREITUNG

Backrohr auf 210 Grad Ober-/Unterhitze vorheizen. Die Backform mit der Butter einfetten und mit einem Esslöffel glatter Haferflocken bestreuen. Mehl, restliche glatte Haferflocken, Salz und Gewürze in eine Schüssel geben und durchmischen.

Germ, Honig und Essig in dem lauwarmen Wasser auflösen und zu der Mehlmischung hinzufügen. Alles zusammen zu einem glatten Teig vermengen.

Teig in die Form gießen und mit den kernigen Haferflocken bestreuen.

Das Brot abdecken, in den Ofen schieben und ca. 20 Minuten lang backen. Anschließend ohne Abdeckung weitere 30–40 Minuten lang backen.

AVOCADOAUFSTRICH

Wer sich wohl fühlt in seiner Haut, agiert mutiger und entschlossener! Avocados machen schön, denn sie enthalten viele ungesättigte Fettsäuren sowie viel Vitamin A und Vitamin E. Außerdem binden Avocados die Feuchtigkeit und fördern die Zellgeneration und wirken somit positiv auf die Haut. Aber nicht nur das: Avocados enthalten auch viel Vitamin B6, wodurch das Immunsystem gestärkt wird.

ZUTATEN FÜR 2–3 PORTIONEN

2 AVOCADOS ✱ 250 G MAGERTOPFEN ✱ EV. 1 EL SAUERRAHM ✱ 1 ZITRONE ✱ 1 SCHALOTTE ✱ 1 SCHUSS KÜRBISKERNÖL ✱ ETWAS SALZ UND FRISCH GEMAHLENER PFEFFER

ZUBEREITUNG

Die Avocados entkernen, schälen und in eine Schüssel geben. Die Zitrone auspressen und die Schalotte in kleine Würfel schneiden; gemeinsam mit dem Magertopfen, dem Sauerrahm und dem Kernöl zu den Avocados dazugeben. Mit Salz und Pfeffer würzen und alles mit dem Stabmixer mixen.

DINKEL-KOKOS-AUFSTRICH

Viele Ernährungswissenschaftler sind davon überzeugt, dass Dinkel gesünder ist als Weizen. Dinkel enthält mehr und höherwertiges Eiweiß, außerdem mehr Vitamine, Mineralstoffe, Ballaststoffe und ungesättigte Fettsäuren. Er wirkt auf den Körper harmonisierend und fördert die Verdauung. Dinkel hat einen hohen Gehalt an Kieselsäure (Silizium), was den Körpergeweben Elastizität und Festigkeit verleiht und sich positiv auf Haare, Haut und Nägel auswirkt. Außerdem fördert Silizium die Konzentration!

ZUTATEN FÜR 2–3 PORTIONEN

100 ML KOKOSMILCH ✱ 150 ML SOJADRINK ✱ 200 G DINKELFLOCKEN ✱ 1 TL ZITRONENSAFT ✱ 1 TL BIRNENDICKSAFT ✱ ETWA ½ TL GERIEBENER INGWER ✱ ½ TL ZIMT ✱ ½ TL MUSKAT ✱ ½ TL SESAM ✱ ½ TL KOKOSRASPEL

ZUBEREITUNG

Die Kokosmilch und den Sojadrink vermischen und die Dinkelflocken hinzufügen. Alles erwärmen und ungefähr 5 Minuten quellen lassen. Zitronensaft, Birnendicksaft und Gewürze dazugeben und alles mit dem Mixstab pürieren. Zum Schluss den Sesam und die Kokosraspeln einmengen.

RINDFLEISCH MIT FISOLEN

Mut hat seinen Ursprung in der Gelassenheit, denn Angst und Stress machen ängstlich und eng. Dieses Gericht besitzt einen gleich zweifachen Entspannungsfaktor! Erstens: Es kommt mit nur wenigen Zutaten aus und ist daher ganz einfach und schnell zu kochen. Zweitens: Fisolen enthalten viel Vitamin B5, das als hochwirksames Anti-Stress-Vitamin gilt.

ZUTATEN FÜR 6 PORTIONEN

2 EL FISCHSAUCE ✸ 600 G RINDERFILETSPITZEN ✸ 300 G GRÜNE BOHNEN ✸ 1 GROSSE ZWIEBEL ✸ SALZ ✸ FRISCH GEMAHLENER PFEFFER ✸ 2 EL SONNENBLUMENÖL

ZUBEREITUNG

Die Fisolen putzen.

In einem großen Topf Salzwasser zum Kochen bringen und die Fisolen darin ungefähr 10 Minuten lang garen. Anschließend abgießen und warm halten.

Die Zwiebel schälen und klein schneiden. Das Rindfleisch in sehr dünne Scheiben schneiden. In einer großen Pfanne das Öl erhitzen und darin die Zwiebel bei starker Hitze anbraten. Rindfleisch und Fischsauce hinzufügen; alles mit Pfeffer würzen und 3–4 Minuten garen. Dabei immer wieder umrühren.

Die Fisolen dazugeben und alles bei mittlerer Hitze 1–2 Minuten weitergaren lassen.

ORANGEN-KARDAMOM-SHORTBREAD MIT ROSMARIN

Diese Cookies machen mich schon bei der Herstellung glücklich, denn sie verbreiten einen herrlichen Geruch in meiner Wohnung. Außerdem sind sie praktische Begleiter für unterwegs und sie können so einiges: Kardamom enthält viele ätherische Öle, was sich positiv auf den Magen-Darm-Bereich auswirkt. Er ist verdauungsfördernd, krampflösend und hilft bei Blähungen. Rosmarin wirkt anregend, entzündungshemmend und schmerzstillend und hilft bei niedrigem Blutdruck, Schwäche und Erschöpfungszuständen.

ZUTATEN

350 G DINKELMEHL ✱ 100 G PUDERZUCKER ODER EIN WENIG AGAVENDICKSAFT (JE NACHDEM, WIE SÜSS DU ES MAGST) ✱ 200 G KALTE BUTTER ✱ 1 PACKUNG VANILLEZUCKER ODER BOURBONVANILLE ✱ ½ TL ABRIEB EINER BIO-ORANGE ✱ 1 TL GEMAHLENER KARDAMOM ✱ 2 EL FRISCH GEPRESSTER ORANGENSAFT ✱ 1 ZWEIG ROSMARIN

ZUBEREITUNG

Mehl in eine Schüssel geben und mit Puderzucker bzw. Agavendicksaft süßen. Butter, Vanillezucker (Bourbonvanille), Orangenabrieb, Kardamom, Orangensaft und fein gehackte Rosmarinnadeln zu einem glatten Mürbteig verarbeiten; in Frischhaltefolie wickeln und für eine Stunde in den Kühlschrank stellen. Etwas Mehl auf der Arbeitsfläche verteilen und den Teig darauf dünn ausrollen. Die Cookies ausstechen und auf einem Blech mit Backpapier verteilen. Den Ofen bei Ober-/Unterhitze auf 180 Grad vorheizen.
Die Cookies ca. 8–10 Minuten lang backen.

PFIRSICH-MANDELMILCH-SMOOTHIE

Pfirsiche werden symbolisch der Sinnlichkeit und der Sexualität zugeordnet. Sie stärken also die Vitalität des unteren Atemraums.

ZUTATEN

2 BIS 3 IN STÜCKE GESCHNITTENE PFIRSICHE ✱ 240 ML MANDELMILCH ✱

½ TL GEHACKTE FRISCHE MINZE ✱ ½ TL GEMAHLENER KARDAMOM ✱

1 TL FEIN GEHACKTER FRISCHER INGWER ✱ HONIG

ZUBEREITUNG

Alles in den Mixer geben und pürieren.

The Hamlyn

Wenn man seine **Ruhe** nicht **in sich** findet, ist es zwecklos, sie **andernorts** zu suchen.

François de La Rochefoucauld

FÜLLE

Der innere Schatz

Nichts, was wir für ein erfülltes Leben brauchen, werden wir jemals im Außen finden. Ruhe nicht, Freude nicht, Zufriedenheit nicht – und Liebe schon gar nicht. Ich denke oft an die Worte einer Yogalehrerin, mit der ich vor Jahren auf Ibiza praktizieren durfte: „You have nowhere to go, because you are already here." Wonach wir suchen, ist längst da. Ich bezeichne dieses Etwas als unseren inneren Schatz. Wer Zugang zu diesem findet, wird das tiefe Gefühl von Fülle verspüren. Nach Fülle zu streben liegt im Wesen des Menschen, da wir ahnen, dass das Empfinden von Fülle die Voraussetzung für Zufriedenheit ist. Dennoch machen sich bei vielen eine unendlich große innerliche Leere und Einsamkeit breit und sie reagieren aus diesem Mangel heraus. Was unternimmt der Mensch, um die Sehnsucht nach Fülle zu stillen? Er konsumiert. Schuhe, Kleidung, Autos, Kosmetikartikel, Uhren, technische Geräte, Flugmeilen, Alkohol, Drogen, Essen, Sex. Das Ergebnis: ein kurzer Kick, dem ein noch tieferes Gefühl der Leere folgt – im Herzen wie auf dem Bankkonto. Die vermeintliche Lösung: noch mehr kaufen. Dass das nicht funktionieren kann, liegt auf der Hand. Der Mensch ist zum Schaffen geboren, nicht zum Konsumieren. Jedem von uns wohnt ein Schöpfergeist inne und so fühlen wir uns dann am lebendigsten, wenn wir etwas kreieren. TUN ist erFÜLLEnder als HABEN, ERLEBEN beglückender als BESITZEN. Wir denken, unserem Lebensglück durch den Kauf neuer Schuhe näherzukommen – dabei bräuchten wir in Wahrheit einfach nur mehr Boden unter den Füßen. Was uns diesen Boden immer wieder wegzieht, ist die Gewohnheit, sich permanent mit anderen zu vergleichen. Vergleiche machen einsam und leer, da sie wahrhaftige Begegnungen auf Augenhöhe verhindern und nur zwei mögliche Schlussfolgerungen zulassen: Entweder man fühlt sich dem anderen überlegen und sieht auf ihn herab, oder man fühlt sich dem anderen unterlegen und empfindet sich selbst als unzuläng-

DIE WIRKUNG DES ATEMS AUF DIE GESUNDHEIT

» DIE BASIS FÜR EIN LEBEN IN FÜLLE IST GUTE GESUNDHEIT. «

Im Bauchraum haben die Organe wie Leber, Magen, Milz, Darm, Nieren und Geschlechtsorgane ihren Platz. Das „Dach" des Bauchraums bildet das Zwerchfell, das neben den Zwischenrippenmuskeln unser wichtigster Atemmuskel ist. Auf alle Bewegungen des Zwerchfells reagieren die Körperwände des Bauchs und die Organe. Atmen wir frei, kann das Zwerchfell frei schwingen und die Organe werden permanent massiert und sind besser durchblutet sowie gestärkt.

Wir können nur überleben, wenn unser Organismus über genügend Sauerstoff verfügt und im Gegenzug das Kohlendioxid wieder ausgeschieden wird. Gesundheit beginnt mit der richtigen Atmung. Entscheidend dabei ist, wie man ein- und ausatmet.

» ETWA ZWÖLF MAL PRO MINUTE ATMET EIN ERWACHSENER MENSCH. «

Der amerikanische Lymphologe Dr. C. Samuel West beschreibt in seinem Buch „The Golden Seven plus One", dass ein gut durchblutetes und mit Sauerstoff versorgtes Lymphsystem die Grundlage für körperliche und geistige Energie und für eine stabile Gesundheit ist, da optimal mit Sauerstoff angereichertes Blut stets flüssig bleibt und schnell jede Zelle des Körpers erreicht. Auf seinem Rückweg kann es Gifte und Eiweiße mitnehmen und ausleiten. Laut Dr. West werden so Heilungsprozesse jeder Art bestmöglich unterstützt. Ist das Blut dagegen mit zu wenig Sauerstoff angereichert, kleben die Blutkörperchen zusammen und stauen sich mit den Eiweißen zusammen im Lymphsystem, wodurch die natürlichen Transportmechanismen empfindlich gestört werden. Gifte bleiben im Körper stecken und Mineralstoffe erreichen ihren Bestimmungsort nicht.

DEN ATEM ZU ERFAHREN

BEDEUTET,

IN NEUER WEISE ZU LEBEN.

Ilse Middendorf,
Atempädagogin

lich, minder und mangelhaft. Ersteres führt zu Hochmut und Arroganz, Zweiteres zu Eifersucht und Neid. Eines haben all diese Gefühle gemeinsam: Sie machen einsam, hart und leer. Wer jedoch, anstatt sich mit anderen zu vergleichen, die Aufmerksamkeit auf seinen inneren Schatz, auf all seine Gaben, Talente und Möglichkeiten richtet und diese ehrt, wird das Gefühl von Fülle in sich verspüren. So wird der Boden kreiert, auf dem echter Kontakt, Mitgefühl, Offenheit, Wärme, Herzlichkeit, Freundschaft und Liebe gedeihen können.

Das Gleichnis vom Wasserkrug

Menschen mit einer starken Ich Kraft erkennen ihre Bedürfnisse und fordern diese ein, wenn es sein muss. Ob es denn nicht sehr egoistisch sei, stark auf sich selbst zu achten, fragst du dich vielleicht. An dieser Stelle denke ich an das Gleichnis vom Wasserkrug, das mir ein Coach einmal erzählt hat. Jeder Mensch trägt den Wasserkrug des Lebens mit sich. Ist der Wasserkrug leer, kann er kein Wasser spenden. Um seinen Mitmenschen etwas abgeben zu können, muss man den Krug des Lebens immer wieder auffüllen. Je mehr man in den Krug füllt, desto mehr kann man abgeben. Im Idealfall ist der Krug so angefüllt, dass das Wasser von selbst überläuft. Dann fällt Geben leicht.

Kontakt

Echter Kontakt zu sich selbst und zu anderen Menschen schafft ein Gefühl der Fülle. Pat Ogden, die Pionierin in der somatischen Psychologie, definiert „Kontakt" so: Kontakt bedeutet Verbundenheit, nicht nur durch Worte oder Informationsaustausch, sondern auch durch Resonanz. Kontakt entsteht durch Verbindung und Resonanz.
Der Begriff „Resonanz" kommt aus dem Lateinischen und bedeutet so viel wie „widerhallen". Zwei Menschen können auf rein inhaltlicher Ebene Informationen austauschen, ohne gefühlsmäßig oder energetisch miteinander verbunden zu sein – wie zwei Computer, die miteinander Daten austauschen. Menschlich sinnvoll wird ein Austausch aber erst durch den Kontakt, der zwischen Menschen geschieht; durch den

Grad an Resonanz, mit dem sie ihren Austausch erfahren.
Die Voraussetzung für echten Kontakt ist allerdings nicht nur die Resonanz mit anderen, sondern auch eine gute Verbindung zu dir selbst: Zu deinem Körper, deinen Gefühlen, deinen Gedanken, deinem Atem.
Der Psychologe und Begründer der klientenzentrierten Gesprächstherapie Carl Rogers benennt drei Haltungen beim Menschen als Voraussetzung für Kontakt:

Echtheit.

Ein authentisches und kongruentes Auftreten. Dies bedeutet, eins zu sein mit all seinen Gefühlen.

Bedingungslose Wertschätzung des anderen.

Empathie.

Die Fähigkeit, sich in die Lebenswelt des anderen hineinfühlen zu können, die Welt aus den Augen des anderen sehen zu können.

Sind wir bereit, diese drei Haltungen in unserem Leben umzusetzen, entsteht Kontakt.

MENTALÜBUNG: AUSSORTIEREN

„Ein volles Glas kann man nicht füllen", meint ein buddhistisches Sprichwort. Damit das Gefühl von Fülle entstehen kann, muss zuerst einmal weggegeben werden, was zwar vollmacht, aber nicht füllt. Innenleben und Umgebung bedingen sich gegenseitig: Unnötige Dinge bremsen uns aus, „ohne" fühlen wir uns viel freier.

Sortiere Gegenstände auf drei Haufen:

1) BEHALTEN
2) WEGGEBEN
3) FRAGEZEICHEN

Behalten wird ausschließlich, was dir wirklich am Herzen liegt. Dinge, zu denen du eine emotionale Beziehung hast und die du gerne benutzt. Alles, was kaputt ist und du ein Jahr lang nicht mehr gebraucht hast, wird sofort weggegeben. Gegenstände, die du mit einem Fragezeichen versehen hast, werden in eine Kiste gepackt, für sechs Monate in den Keller geräumt und danach neu bewertet. Hast du etwas nicht vermisst, kommt es weg.

Atem Bewegung Stimme

MITTLERER ATEMRAUM

Wer aus der Fülle heraus handelt, besitzt die Gelassenheit, abzuwarten und – wenn die Zeit reif dafür ist – eine gute Entscheidung zu treffen. Ich Kraft kann nur aus der Fülle heraus entstehen, also dann, wenn das Bewusstsein von Zentriertheit vorhanden und das Handeln „aus der eigenen Mitte heraus" möglich ist.

Übungssequenz 1

Körperreise

✱ Aufrecht auf einem Stuhl sitzen. Die Füße haben guten Bodenkontakt, die Beine sind leicht geöffnet. Die Hände liegen auf den Oberschenkeln. Bauchdecke und Schultern sind locker. Augen und Lippen sind leicht geschlossen, die Zahnreihen haben keinen Kontakt. Kiefermuskulatur und Gesichtsmuskeln sind entspannt.

✱ Von der Alltagswahrnehmung in die Sammlung kommen. Die Aufmerksamkeit zu den Füßen lenken. Wie stehen die Füße auf dem Boden? Wie fühlen sich Sprung- und Kniegelenke an? Kannst du dir vorstellen, dass die Gelenke weit geöffnete Durchgänge sind und keine engen Verschlüsse? Wie spürst du die Unterschenkel und die Oberschenkel? Wie nimmst du das Becken wahr und wie sitzt du auf dem Stuhl? Wie nimmst du den Rücken und die Wirbelsäule wahr? Ist die Bauchmuskulatur locker? Wie nimmst du den Brustkorb wahr und wie die Schultern? Ist es möglich, dass sich die Schultern ohne Spannung niederlassen? Wie nimmst du die Muskulatur in den Armen wahr? Kannst du dir vorstellen, dass die Ellbogen- und Handgelenke weit geöffnete Durchgänge sind? Wie nimmst du die Hände wahr? Wie nimmst du den Nacken und die Kehle wahr? Kannst du dir die Kehle als große Öffnung vorstellen so ähnlich wie ein Rohr mit großem Durchmesser? Wie nimmst du Kiefermuskulatur und Lippen wahr? Wie die Gesichtsmuskeln, die Nase und die Augen?

✱ Wie ist deine Stimmung in diesem Moment? Welche Gefühle tauchen auf? Welche Gedanken gehen dir jetzt gerade durch den Kopf?

✱ Wie nimmst du den Atem wahr? Lass den Atem frei fließen und beeinflusse ihn nicht durch deinen Willen: Wo spürst du Atembewegungen?

Dehnen

FÜR WOHLGEFÜHL UND WACHHEIT.

✱ Aufrecht sitzen. Die Füße haben guten Bodenkontakt, Bauchdecke und Schultern sind locker. Oder: aufrechter Stand. Die Füße stehen parallel und hüftknochenbreit auseinander. Knie, Bauchmuskeln und Schultern sind locker. Die Augen sind geöffnet.

* In die Sammlung kommen. Mehrmals den rechten Arm nach oben dehnen (nicht strecken!) und wieder lösen.

* Beobachte: Wie stellt sich der Atem auf die Bewegung ein? Wahrscheinlich wirst du feststellen, dass beim Dehnen der Einatem kommt und beim Lösen der Ausatem geht. Kurz nachspüren und wahrnehmen: Fühlst du einen Unterschied zwischen den beiden Seiten?

* Den linken Arm einige Male nach oben dehnen und wieder lösen. Erneut nachspüren. Was hat das Dehnen in Bezug auf die körperliche Wahrnehmung bewirkt? Gibt es eine Auswirkung auf den Atem? Hat sich deine Stimmung, dein emotionaler Zustand, verändert?

Bein klopfen, Knie und Fuß begreifen und beleben

FÜR SAMMLUNG UND STABILITÄT

* Aufrecht sitzen. Die Füße haben guten Bodenkontakt, Bauchdecke, Schultern und Kiefermuskeln sind locker.

* Den rechten Oberschenkel mit lockeren Fäusten auf allen Seiten abklopfen.

* Das rechte Knie massieren und begreifen: Kannst du die Knochen, Muskeln und Sehnen spüren?

* Eine Hand auf die rechte Kniescheibe und die andere Hand in die Kniekehle legen und für einige Atemzüge das rechte Knie zwischen den Händen halten.

* Nun den rechten Unterschenkel mit lockeren Fäusten auf allen Seiten abklopfen.

* Den rechten Unterschenkel auf den linken Oberschenkel legen und mit beiden Händen den rechten Fuß massieren, beleben und begreifen: Wo spürst du hier die Knochen, Muskeln und Sehnen?

* Das rechte Bein über den rechten Unterarm hängen. Mit der linken Hand die rechte Ferse umfassen und den Fuß ausschütteln.

* Erneut den rechten Unterschenkel auf den linken Oberschenkel legen; mit den Händen das Sprunggelenk des rechten Fußes umfassen und dieses einige Atemzüge lang halten.

* Während der gesamten Übung den Atem frei fließen lassen.

* Den rechten Fuß zurück auf den Boden stellen.

* Aufrecht sitzen und nachspüren: Wie nimmst du den rechten Fuß und das rechte Bein im Vergleich zum anderen wahr?

✱ Den gleichen Ablauf am linken Bein und Fuß wiederholen.

MOMENTAUFNAHME:

SIND DEINE GEDANKEN IM JETZT?

Nasenflügel dehnen

FÜR OFFENHEIT UND LEICHTIGKEIT

✱ Aufrecht sitzen oder hüftknochenbreit und parallel mit lockeren Knien stehen. Die Augen sind geschlossen.

✱ Beide Daumen von unten an die Nasenflügel legen und diese anheben.

✱ Dadurch strömt der Einatem von selbst ein.

✱ Beim Ausatmen die Nasenflügel wieder loslassen.

✱ Den Vorgang einige Male wiederholen.

Marionette

FÜR DAS GEFÜHL VON INNERER WEITE, VON RÜCKHALT UND FLEXIBILITÄT

✱ Aufrechter Stand. Die Füße stehen parallel und hüftknochenbreit auseinander. Knie, Bauchmuskeln, Schultern und Unterkiefer sind locker.

✱ Einige Atemzüge lang den Kontakt zum Boden spüren.

✱ Vorstellung: An den Ellbogen, Handgelenken und an den Fingern sind Marionettenfäden befestigt – ebenso am Hinterkopf und an jedem einzelnen Wirbel der Wirbelsäule.

✱ Die Ellbogen drehen sich nach außen und werden an den „Fäden“ hochgezogen. (Die Schultern bleiben dabei entspannt, sie wandern nicht nach oben!)

✱ Die Handgelenke werden hochgezogen.

✱ Alle zehn Finger werden hochgezogen und richten sich auf.

✱ Blick nach vorne, der Nacken ist locker.

✱ In dieser Haltung die innere Weite wahrnehmen.

✱ Nun die Bewegungen mit einem kleinen, schlampigen „F“ verbinden.

✱ Zuerst fallen die Hände nach unten.

✱ Nach jedem Fallenlassen einen Moment lang warten, bis der Einatem von allein einströmt.

✸ Ausatmen auf „f“: Die Unterarme fallen nach unten.

✸ Warten, bis der Einatem von allein einströmt.

✸ Ausatmen auf „f“: Die gesamten Arme fallen nach unten.

✸ Warten, bis der Einatem von allein einströmt.

✸ Ausatmen auf „f“: Der Kopf überlässt sich der Schwerkraft und sinkt nach unten.

✸ Warten, bis der Einatem von allein einströmt.

✸ Ausatmen auf „f“: Der Brustkorb überlässt sich der Schwerkraft und sinkt nach unten.

✸ Warten, bis der Einatem von allein einströmt.

✸ Ausatmen auf „f“: Kopf und Brustkorb sinken Wirbel für Wirbel nach unten.

✸ Knie leicht beugen, Arme und Nacken locker lassen. Einige Atemzüge lang nach vorne gebeugt hängen.

✸ Das Aufrollen mit einem langen „F“ begleiten: Vom Steißbein beginnend, rollen sich Kreuzbein, Lendenwirbelsäule, Brustwirbelsäule und Halswirbelsäule auf. Schultern und Kopf richten sich zuletzt auf.

✸ Aufrecht stehen und nachspüren.

✸ Als Variationsmöglichkeit kannst du beim Nach-vorne-Fallen das „F“ durch den undefinierten Laut „Haha“ ersetzen. Lass für dein „Haha“ den Unterkiefer locker hängen und stell dir vor, dass der Ton aus deinem Beckenboden aufsteigt. Beim Aufrollen kannst du ein langes „M“ tönen. Leg dafür die Lippen locker aufeinander und stell dir vor, dass es der Ton ist, der deine Wirbelsäule aufrichtet.

Mitte bilden

FÜR ZENTRIERTHEIT UND SELBSTBEWUSSTSEIN

✸ Aufrecht sitzen oder hüftknochenbreit und parallel mit lockeren Knien stehen. Die Augen sind geschlossen.

✸ Eine Hand liegt unterhalb der Brustbeinspitze auf dem Oberbauch.

✸ Die andere Hand liegt gegenüber, mit dem Handrücken auf dem mittleren Rücken.

✸ Mit der Aufmerksamkeit zu den Händen gehen und den Raum wahrnehmen, der zwischen den Händen entsteht.

✸ Den Atem frei fließen lassen und die Atembewegungen wahrnehmen: Beim Einatmen hebt sich die Bauchdecke, der Raum zwischen den Händen weitet sich.

✸ Beim Ausatmen schwingen die Körperwände zurück.

✸ Nach dem Ausatmen die Atempause abwarten.

✸ Den Einatem von selbst einströmen lassen, nicht durch den Willen beeinflussen und forcieren.

✸ Ein- und Ausatem sanft mit den Händen begleiten.

✸ Einige Male wiederholen.

✸ Nachspüren.

Abschluss: „Ä“ tönen

Der „Ä“-Raum ist der Innenraum des Rumpfs. Stell dir einen Behälter vor, der mit einem Stoff ausgekleidet ist: Das ist das „Ä“. Es stärkt den Körper, bildet innerlich einen Freiraum, wirkt vitalisierend und gleichzeitig beruhigend und stimmt optimistisch.

✸ Aufrecht und hüftknochenbreit, mit gutem Kontakt zum Boden, stehen. Knie, Schultern und Bauchmuskeln sind locker.

✸ Beim Einatmen leicht in die Knie gehen. Der Oberkörper bleibt dabei gerade, lediglich das Becken „zieht“ nach unten.

✸ Beim Ausatmen hochkommen, indem du dich mit den Füßen vom Boden wegdrückst.

✸ Die Bewegung nach oben zuerst mit einem Ausatmen auf „schschsch“ verbinden.

✸ Das „Schschsch“ schließlich in Ton verwandeln und beim Hochdrücken in mittlerer Lage ein „Ä“ tönen.

✸ Wichtig: Die Lippen dabei zu einem überdeutlichen „Ä“ formen und überdeutlich artikulieren.

✸ In der aufgerichteten Haltung die Einatempause abwarten; danach beim Einatmen erneut in die Knie gehen und auf „äää“ hochkommen.

✸ Mehrmals wiederholen.

✸ Zuerst im Stehen, dann im Sitzen nachspüren.

Übungssequenz 2

Körperreise

Siehe Beschreibung auf Seite 147.

Dehnen

FÜR PRÄSENZ UND HINGABE

✱ Aufrecht sitzen. Die Füße haben guten Bodenkontakt, Bauchdecke und Schultern sind locker. Oder: aufrechter Stand. Die Füße stehen parallel und hüftknochenbreit auseinander. Knie, Bauchmuskeln und Schultern sind locker. Die Augen sind geöffnet.

✱ In die Sammlung kommen. Mehrmals den rechten Arm nach oben dehnen (nicht strecken!) und wieder lösen.

✱ Beobachte: Wie stellt sich der Atem auf die Bewegung ein? Wahrscheinlich wirst du feststellen, dass beim Dehnen der Einatem kommt und beim Lösen der Ausatem geht. Kurz nachspüren und wahrnehmen: Fühlst du einen Unterschied zwischen den beiden Seiten?

✱ Den linken Arm einige Male nach oben dehnen und wieder lösen. Erneut nachspüren. Was hat das Dehnen in Bezug auf die körperliche Wahrnehmung bewirkt? Gibt es eine Auswirkung auf den Atem? Hat sich deine Stimmung, dein emotionaler Zustand, verändert?

Druck in den Boden

FÜR WILLENSKRAFT UND EINEN KLAREN STANDPUNKT

✱ Aufrecht sitzen. Die Füße haben guten Bodenkontakt. Die Augen sind geschlossen.

✱ Mit dem rechten Fuß deutlichen Druck in den Boden geben, sodass der rechte Sitzknochen abhebt und das Becken auf die linke Seite kippt.

✱ Den Druck des rechten Fußes lösen und das Becken in die Ausgangsposition zurückschwingen lassen.

✱ Oberkörper und Kopf gehen in die Gegenbewegung.

✱ Der Einatem kommt beim Druckgeben, der Ausatem geht beim Zurückschwingen.

✱ Nun mit dem linken Fuß deutlichen Druck in den Boden geben, sodass der linke Sitzknochen abhebt und das Becken auf die rechte Seite kippt.

* Einige Male wiederholen und je nach Lust und Laune mit dem rechten oder dem linken Fuß Druck in den Boden geben. Mit der Stärke des Drucks und der Größe der Bewegungen spielen.

* Aufrecht sitzen und nachspüren.

MOMENTAUFNAHME:

BIST DU IN VERBINDUNG MIT DEINEM ATEM?

Ellbogen und Flanke dehnen

FÜR GLEICHGEWICHT UND SELBSTVERTRAUEN

* Aufrecht sitzen. Die Füße haben guten Bodenkontakt, Bauchdecke und Schultern sind locker. Die Augen sind geschlossen.

* Die Arme locker hängen lassen.

* Den rechten Ellbogen zur Seite dehnen; dabei dehnt sich die rechte Flanke in den Raum.

* Unterarm und Hand hängen dabei locker herab, die Schultern werden nicht angehoben!

* Das Gewicht verlagert sich auf den rechten Sitzbeinhöcker.

* Oberkörper und Kopf gehen in die Gegenbewegung.

* Die Dehnung lösen und den rechten Arm in die Ausgangshaltung zurückbewegen.

* Der Einatem kommt beim Dehnen, der Ausatem geht beim Zurückbewegen.

* Einige Male auf der rechten Seite wiederholen.

* Nachspüren und die beiden Körperseiten vergleichen.

* Anschließend den Vorgang mit dem linken Ellbogen wiederholen.

* Zum Schluss aufrecht sitzen und nachspüren.

Rumpfmitte streichen

FÜR LEBENDIGKEIT UND EINE GUTE VERBINDUNG ZU SICH SELBST.

* Aufrecht sitzen oder hüftknochenbreit und parallel mit lockeren Knien stehen. Die Augen sind geschlossen.

* Eine Hand liegt unterhalb der Brustbeinspitze auf dem Oberbauch.

✱ Die andere Hand liegt gegenüber mit dem Handrücken auf dem mittleren Rücken.

✱ Mit der Aufmerksamkeit zu den Händen gehen und den Raum wahrnehmen, der zwischen den Händen entsteht.

✱ Den Atem frei fließen lassen und die Atembewegungen wahrnehmen: Beim Einatmen hebt sich die Bauchdecke, der Raum zwischen den Händen weitet sich. Beim Ausatmen schwingen die Körperwände zurück.

✱ Nach dem Ausatmen die Atempause abwarten.

✱ Den Einatem von selbst einströmen lassen, nicht durch den Willen beeinflussen und forcieren.

✱ Die Hand, die auf dem Oberbauch liegt, streicht über die Flanke nach hinten zum Rücken und bleibt mit dem Handrücken auf dem mittleren Rücken liegen.

✱ Gleichzeitig streicht die Hand, die auf dem Rücken liegt, über die Flanke nach vorne und bleibt mit der Handfläche auf dem Oberbauch liegen.

✱ Auf diese Weise streichen die Hände einige Male über die Flanken nach vorne bzw. nach hinten und wechseln immer wieder die Position.

✱ Den Atem frei fließen lassen.

✱ Nachspüren.

Mittlerer Kreis der kosmischen Übung

FÜR ZENTRIERTHEIT UND EINE TIEFE INNERE RUHE

✱ Aufrecht sitzen. Die Füße haben guten Bodenkontakt, Bauchdecke und Schultern sind locker. Oder: aufrechter Stand. Die Füße stehen parallel und hüftknochenbreit auseinander. Knie, Bauchmuskeln und Schultern sind locker. Die Augen sind geöffnet.

✱ Die Finger beider Hände (außer den Daumen) liegen an den Außenseiten aneinander. Die Fingerkuppen liegen auf dem Oberbauch unterhalb der Brustbeinspitze.

✱ Die Hände nach vorne bewegen und die Arme zur Seite ausbreiten.

✱ Darauf achten, dass die Hände in Höhe des Oberbauchs bleiben und nicht zu hoch hinaufgezogen werden. Die Schultern bleiben locker.

- Die Arme zur Mitte zurückbewegen, sodass die Fingerkuppen wieder den Oberbauch berühren.

- Öffne dich bewusst und nimm dir Raum und kehre danach wieder in deine Mitte zurück.

- Beobachte deinen Atem: Wahrscheinlich kommt der Einatem während der Öffnung und der Ausatem beim Zurückführen der Arme.

- Variation: den Ausatem auf einem langen „F“ ausströmen lassen.

- Diese Bewegung mehrmals wiederholen.

- Nachspüren.

Abschluss: „Ä“ tönen

Siehe Beschreibung Seite 151.

ABENDÜBUNG

Wofür bist du heute dankbar?

REZEPTE für Fülle und Gelassenheit

KÜRBISGULASCH

Kürbis verleiht Fülle, ohne zu beschweren, denn er ist ein kalorienarmer Sattmacher! Kürbis enthält viele Vitamine wie Beta-Karotin, Vitamin A, Magnesium, Kalzium und Kalium. Vor allem das Beta-Karotin ist ein Radikalfänger, stärkt das Immunsystem und die Atemwege und ist gut für die Augen und die Haut.

ZUTATEN FÜR 4 PORTIONEN

2 ZWIEBELN * 800 G KÜRBIS * 2 ERDÄPFEL * 1 ½ TL KÜMMEL * 2 EL TOMATENMARK * 3 TL PAPRIKAPULVER, EDELSÜSS * 3 KNOBLAUCHZEHEN * 1 L WASSER * 2 ROTE PFEFFERONI * 1 LORBEERBLATT * 1 GRÜNER PAPRIKA * ½ BECHER SAUERRAHM * 1 GEHÄUFTER TL DINKELMEHL * ESSIG * SALZ * PFEFFER * OLIVENÖL

ZUBEREITUNG

Zwiebeln schälen und klein schneiden. In einem Topf das Öl erhitzen und die Zwiebeln darin goldgelb rösten. Kürbis entkernen und in 2–3 cm große Stücke schneiden. Erdäpfel schälen und in kleine Würfel schneiden. Knoblauch fein hacken und gemeinsam mit dem Tomatenmark, dem Paprikapulver und dem Kümmel zu den gerösteten Zwiebeln geben; das Ganze mit Wasser aufgießen. Die Hälfte der Kürbis- und Erdäpfelwürfel sowie das Lorbeerblatt hinzufügen und alles ca. 15 Minuten lang köcheln lassen.

Pfefferoni in dünne Ringe und Paprika in Würfel schneiden und gemeinsam mit den restlichen Kürbis- und Erdäpfelwürfeln zum Gulasch geben. Mit Salz, Pfeffer und einem Schuss Essig würzen und 15–20 Minuten weich kochen.

Mehl mit Sauerrahm verrühren, ins Gulasch gießen und dieses noch einmal kurz aufkochen. Danach das Gulasch einige Minuten lang ziehen lassen.

MANDELPUDDING
MIT GRANATAPFEL

Ein nervenstärkendes Dessert, das mehr Gelassenheit ins Leben bringt. Mandeln liefern große Mengen an Vitamin B und E. Vitamin E ist ein bekanntes Antioxidans, das vor freien Radikalen schützt, gut für die Haut ist und dem Alterungsprozess entgegenwirkt. Vitamin B1 stärkt die Nerven und Vitamin B2 versorgt jede unserer Zellen mit Energie.

ZUTATEN FÜR 6 PORTIONEN

35 G REISMEHL ✱ 750 ML MANDELDRINK ✱ 1 PRISE SALZ ✱ 55 G ZUCKER (ODER ETWAS AGAVENDICKSAFT) ✱ 80 G GEMAHLENE MANDELN ✱ 1 EL ROSENWASSER

ZUM GARNIEREN: PISTAZIEN ✱ GRANATAPFELKERNE

ZUBEREITUNG

185 ml Mandeldrink in eine Schüssel geben und das Reismehl einrühren.
Den übrigen Mandeldrink in einem Topf zum Kochen bringen. Das in dem Mandeldrink aufgelöste Reismehl mit dem Salz und dem Zucker (oder Agavendicksaft) dazugeben und alles verrühren.
Die Flüssigkeit unter ständigem Rühren bei mittlerer Temperatur aufkochen, bis die Mischung leichte Blasen wirft.
Die Temperatur reduzieren und das Ganze 5 Minuten unter ständigem Rühren sanft köcheln lassen. Die gemahlenen Mandeln unterrühren, bis die Masse geschmeidig ist. Das Rosenwasser dazugeben und den Topf vom Herd nehmen.
Die Mischung etwas abkühlen lassen, dabei immer wieder rühren. Dann in sechs Dessertschalen geben.
Den Pudding zugedeckt in den Kühlschrank stellen.
Zum Schluss mit Pistazien und Granatapfelkernen bestreuen.

AVOCADOCREME-SUPPE
MIT SCHAFKÄSE

Gut für Haut und Immunsystem. Und sehr, sehr köstlich! Tipp: die Suppe in eine Thermoskanne füllen, so hat man unterwegs oder in der Arbeit eine warme, vollwertige Mahlzeit.

ZUTATEN

2 AVOCADOS * 1 ZITRONE * SALZ * FRISCH GEMAHLENER PFEFFER * ¾ LITER GEMÜSEBRÜHE * 250 G FETA-SCHAFKÄSE

ZUBEREITUNG

Die Gemüsebrühe in einem Topf erhitzen. Die Avocados mit einer Gabel zerdrücken. Den Schafkäse in kleine Würfel schneiden und zur Gemüsebrühe geben. Das Ganze mit Salz, Pfeffer und einem Schuss Zitronensaft würzen und mixen.

ROTE-RÜBEN-APFEL SMOOTHIE

Der roten Rübe werden seit Jahrhunderten unterschiedlichste Heilwirkungen zugeschrieben. Sie stärkt das Immunsystem, aktiviert die Zellatmung und wirkt bei Hautentzündungen und bei Infektionskrankheiten antibakteriell.

ZUTATEN

¼ L WASSER ✱ 2 ROTE RÜBEN ✱ 2 KAROTTEN ✱ ½ APFEL ✱ 1 KLEINES STÜCK FRISCHER INGWER (GESCHÄLT) ✱ ¼ ZITRONE (GESCHÄLT)

ZUBEREITUNG

Alles in den Mixer geben und pürieren.

Willst du **gelieb werden, so liebe!**

Seneca

HINGABE

Begegnung

Kennst du das Gefühl von Einsamkeit? Einsamkeit entsteht dann, wenn keine echte Begegnung mit dir selbst und anderen stattfindet.

Es gab eine Zeit in meinem Leben, die ich heute als „die Zeit hinter der gläsernen Wand" bezeichne. Genau genommen stand ich damals gleich zwischen zwei gläsernen Wänden: Eine trennte mich von der Außenwelt, die zweite von mir selbst. In dieser Zeit hatte ich das Gefühl, in meinem eigenen Leben nicht mehr die Hauptrolle zu spielen. Ich erlebte mein Leben nicht, ich erledigte es, war angepasst und brav und hörte auf, Dinge einzufordern. Vielleicht, weil ich dachte, dass ich das, was ich mir wünschte, gar nicht verdiente? Nach außen hin war ich fröhlich, sehr beschäftigt und erfolgreich, aber innerlich machte sich eine große Leere in mir breit. Ich hatte nicht den Mut, meinen eigenen Bedürfnissen zu folgen, und habe diese im Grunde nicht einmal gespürt. Ich agierte nicht, ich entsprach. Das Leben zwischen den gläsernen Wänden fühlte sich alles andere als lebendig an. Eher farblos und einsam. Meine Seele wurde mit der Zeit immer verzweifelter, doch mein Verstand, der stärker war, ignorierte diese Tatsache und weigerte sich standhaft, anzuerkennen, dass sich etwas verändern musste. Also reagierte mein Körper: Er wurde krank. Immer und immer wieder – bis ich endlich die Ursache dafür zu erforschen begann. Ich stellte mir Fragen und war zum Glück mutig genug, ehrliche Antworten zuzulassen und genau hinzusehen. Ich fing an, wieder auf mich zu hören, mich zu spüren und mir zu vertrauen. Dies gab mir die Kraft, Entscheidungen zu treffen und danach zu handeln. Nach und nach verschwanden die beiden gläsernen Wände und mein Leben wurde von Tag zu Tag farbenfroher und lebendiger. Da ich mir selbst nun wieder stärker vertraute, vertraute ich auch anderen Menschen, besonders meinen Freundinnen. Ich hörte auf, zu entsprechen, und fing an, mich zu öffnen und mich anderen zuzumuten, wodurch eine starke Resonanz und Verbundenheit entstand, die ich in dieser Form davor nicht gekannt hatte und die nach wie vor anhalten. Die Einsamkeit verschwand – und nahm die Krankheiten gleich mit.

Ich bin zu dem Menschen geworden, der ich jetzt bin.

DIE WIRKUNG DES ATEMS AUF DIE EMOTIONEN

Atmen wir frei, geben wir uns dem natürlichen Lauf des Lebens hin und können uns frei entfalten. Lernen wir, tief, frei und im ureigenen Rhythmus zu atmen, werden Stress und Ängste minimiert, was zu einer höheren Lebensqualität und zu einem höheren Maß an Zufriedenheit führt.

Der Atem reagiert auf unsere Emotionen. Wir benennen diesen Vorgang in unserem alltäglichen Sprachgebrauch, indem wir sagen, dass uns Angst und Stress förmlich „die Luft abschnüren" oder dass uns „vor Angst der Atem stockt". Gleichzeitig folgen die Emotionen dem Atem. Indem wir den Atem beruhigen, beruhigen wir daher auch die Emotionen. Das vegetative Nervensystem steuert im menschlichen Körper lebenserhaltende Vorgänge, wie die Verdauung und den Stoffwechsel – und die Atmung.

Der Atem funktioniert also unbewusst und passt sich in jeder Sekunde unseres Daseins dem individuellen Lebensrhythmus an. Viele Menschen führen ein zu schnelles und hektisches Leben und vergessen darauf, zwischendurch auch einmal innezuhalten. Der Atem reagiert sensibel darauf, er wird oberflächlich und verkrampft und geschieht in einer Atemfrequenz, die eigentlich nur in Fluchtsituationen angemessen ist.
Je freier wir atmen, desto freier sind wir in Gefühlen und unserem Handeln.

DIE STEUERZENTRALE DER ATMUNG: DAS VEGETATIVE NERVENSYSTEM

Das vegetative Nervensystem besteht aus drei Teilen: Sympathikus, Parasympathikus und Eingeweidenervensystem. Sympathikus und Parasympathikus wirken als Gegenspieler, die sich bei manchen Funktionen ergänzen. Der Sympathikus steuert die dynamischen Aspekte im Organismus und bereitet diesen auf körperliche und geistige Leistung vor. Er sorgt dafür, dass das Herz schneller schlägt, die Darmtätigkeit gehemmt wird und dass sich die Atemwege erweitern, damit wir besser atmen können, um in der Lage zu sein, in anstrengenden Situationen mehr Sauerstoff aufzunehmen. Der Sympathikus bereitet den Körper darauf vor, zu kämpfen oder zu flüchten. Er wird durch den Einatem angeregt.

Der Parasympathikus reguliert Ruhe und Regeneration und kümmert sich um den Aufbau körpereigener Reserven. Er sorgt für Entspannung und aktiviert die Verdauung. Er unterstützt den Körper beim Ruhen und Verdauen. Er wird durch den Ausatem gefördert.

Das Eingeweidenervensystem arbeitet unabhängig von anderen Nerven, wird aber stark von Sympathikus und Parasympathikus beeinflusst.

WIE WIR **LEBEN,** SO **ATMEN** WIR UND WIE WIR **ATMEN,** SO **LEBEN** WIR.

Ilse Middendorf, Atempädagogin

Practice, practice practice,

K. Pattabi Jois, Begründer des Ashtanga-Yogas

and all is coming

Das Gleichnis vom offenen Haus

Sich dem natürlichen Lauf des Lebens hinzugeben ist nicht immer ganz einfach. Zu stark sind unsere Vorstellungen davon, wie etwas zu sein hat, zu sehr sind wir oft in bestimmten Denkmustern verhaftet. Das schönste Beispiel für „Hingabe" ist für mich das Gleichnis vom offenen Haus.

Es handelt von einer alten Frau, die in einem kleinen Dorf an der Küste lebte. Eines Tages kündigte sich ein außergewöhnlich heftiger Orkan an. Die Dorfbewohner verriegelten, von der Angst um ihr Eigentum angetrieben, ihre Häuser. Um die Wellen aufzuhalten, nagelten sie hektisch dicke Holzbretter an Fenster und Türen und verließen das Dorf, welches nun einer Festung glich. Alle Häuser waren dicht gemacht worden, nur die alte Frau hatte nicht die Kraft, ihre Fenster und Türen zu verbauen, und ließ sie offen. Nachdem der Orkan über das Dorf hinweggefegt war, kehrten die Bewohner zurück. Der Sturm hatte eine Spur der Verwüstung hinterlassen. Alle Häuser waren zur Gänze zerstört und dem Erdboden gleichgemacht worden – bis auf eines: jenes der alten Frau. Ihr Haus war das einzige, dessen Grundmauern noch standen. Da sie den Wellen kein Hindernis in den Weg gestellt hatte, konnten diese auch keines niederreißen; ohne gegen Widerstände ankämpfen zu müssen und den Druck dadurch zu vergrößern, flossen die Wassermassen einfach durch das Haus hindurch.

Wir können die Wellen des Lebens nicht aufhalten. Ich Kraft bedeutet, zu unterscheiden zwischen den Dingen, die man ändern kann, und denjenigen, die sich nicht ändern lassen, und diese Gegebenheiten anzunehmen und zu akzeptieren. Im Vertrauen darauf, dass die eigenen Grundmauern immer bestehen bleiben werden, egal, wie stark der Orkan ist, der gerade rund um einen tobt.

MENTALÜBUNG:

SCHREIB EINEN BRIEF AN DICH SELBST.

Erinnere dich: Wie hast du zu diesem Buch gefunden? Was hat dich bewegt, als du dich dazu entschlossen hast, dieses Übungsprogramm zu absolvieren? Wovon wolltest du am Beginn der 42 Tage mehr, wovon weniger, was sollte für dich so bleiben, wie es ist? Wie hast du deine Entwicklung in den vergangenen 42 Tagen wahrgenommen? Was hat dich besonders berührt, an welches Erlebnis erinnerst du dich besonders stark? Wie geht es dir jetzt? Welche Empfindungen tauchen auf? Welche Erfahrungen aus den letzten Wochen möchtest du für die Zukunft mitnehmen und in dein Leben integrieren? Was wünschst du dir von dir selbst? Schreib dir nun selbst einen Brief, schreib alles auf, was dir durch den Kopf geht. Stecke den Brief dann in ein Kuvert, verschließe es und schreibe deinen Namen und deine Adresse darauf. Bitte eine Person deines Vertrauens, deinen Brief in einem Monat an dich zu schicken.

Atem Bewegung Stimme

ALLE ATEMRÄUME

Vertrauen ist der Boden, aus dem deine Ich Kraft wachsen kann, Hingabe sind die Flügel, die dich in die unendliche Weite des Lebens tragen und dich aus seiner Fülle schöpfen lassen. Damit sich dein gesamtes Potential entfalten kann, aktivieren wir in dieser letzten Woche des Ich-Kraft-Übungsprogramms alle Atemräume.

Übungssequenz 1

Körperreise

✱ Aufrecht auf einem Stuhl sitzen. Die Füße haben guten Bodenkontakt, die Beine sind leicht geöffnet. Die Hände liegen auf den Oberschenkeln. Bauchdecke und Schultern sind locker. Augen und Lippen sind locker geschlossen, die Zahnreihen haben keinen Kontakt. Kiefermuskulatur und Gesichtsmuskeln sind entspannt.

✱ Von der Alltagswahrnehmung in die Sammlung kommen. Die Aufmerksamkeit zu den Füßen lenken. Wie stehen die Füße auf dem Boden? Wie fühlen sich Sprunggelenke und Kniegelenke an? Kannst du dir vorstellen, dass die Gelenke weit geöffnete Durchgänge sind und keine engen Verschlüsse? Wie spürst du die Unterschenkel und die Oberschenkel? Wie nimmst du das Becken wahr und wie sitzt du auf dem Stuhl? Wie nimmst du den Rücken und die Wirbelsäule wahr? Ist die Bauchmuskulatur locker? Wie nimmst du den Brustkorb wahr und wie die Schultern? Ist es möglich, dass sich die Schultern ohne Spannung senken? Wie nimmst du die Muskulatur in den Armen wahr? Kannst du dir vorstellen, dass die Ellbogen- und Handgelenke weit geöffnete Durchgänge sind?
Wie nimmst du die Hände wahr? Wie nimmst du den Nacken und die Kehle wahr? Kannst du dir die Kehle als große Öffnung vorstellen, so ähnlich wie ein Rohr mit großem Durchmesser? Wie nimmst du Kiefermuskulatur und Lippen wahr? Wie die Gesichtsmuskeln, die Nase und die Augen?

✱ Wie ist deine Stimmung in diesem Moment? Welche Gefühle tauchen auf? Welche Gedanken gehen dir jetzt gerade durch den Kopf?

✱ Wie nimmst du den Atem wahr? Lass den Atem frei fließen und beeinflusse ihn nicht durch deinen Willen: Wo spürst du Atembewegungen?

Nase dehnen

FÜR WEITE, FRISCHE UND LEICHTIGKEIT

✱ Aufrecht sitzen. Die Füße haben guten Bodenkontakt, Bauchdecke und Schultern sind locker. Oder: aufrechter Stand. Die Füße stehen parallel und hüftknochenbreit auseinander. Knie, Bauchmuskeln und Schultern sind locker. Die Augen sind geschlossen.

✸ Einige Male über die Nase streichen: von der Nasenwurzel hinunter zur Nasenspitze.

✸ Die Zeigefinger seitlich neben die Nasenflügel legen und die Nase seitlich aufdehnen. Danach die Dehnung langsam auflösen.

✸ Mehrmals wiederholen.

✸ Die Finger wegnehmen und nachspüren: Wie nimmst du deine Nase jetzt wahr? Wo im Körper kannst du den Atem spüren?

✸ Beide Zeigefinger unter die Nase legen und den Nasenboden nach unten ziehen. Danach die Dehnung langsam auflösen.

✸ Mehrmals wiederholen.

✸ Die Finger wegnehmen und erneut Nase und Atembewegung wahrnehmen.

✸ Zum Schluss einen Zeigefinger unter die Nasenspitze legen und die Nase nach oben dehnen. Danach die Dehnung langsam auflösen.

✸ Mehrmals wiederholen.

✸ Den Finger wegnehmen und erneut nachspüren: Wie nimmst du den Raum in deiner Nase jetzt wahr? Wo im Körper spürst du den Atem?

Schmiegen

FÜR NACHGIEBIGKEIT UND SANFTHEIT

✸ Aufrecht sitzen. Die Füße haben guten Bodenkontakt, Bauchdecke und Schultern sind locker. Die Hände liegen auf den Oberschenkeln. Oder: aufrechter Stand. Die Füße stehen parallel und hüftknochenbreit auseinander. Knie, Bauchmuskeln und Schultern sind locker. Die Augen sind geschlossen.

✸ In die Sammlung kommen.

✸ Mit der rechten Flanke in den Außenraum schmiegen und wieder in die aufrechte Sitzhaltung zurückschwingen.

✸ Mit der linken Flanke in den Außenraum schmiegen und wieder in die aufrechte Sitzhaltung zurückkommen.

✸ Mit dem Rücken in den Außenraum schmiegen und wieder in die aufrechte Sitzhaltung zurückkommen.

✸ Mit dem Oberbauch in den Außenraum schmiegen und wieder in die aufrechte Sitzhaltung zurückkommen.

✸ Beobachte: Wie stellt sich der Atem auf die Bewegung ein? Wahrscheinlich wirst du feststellen, dass beim Schmiegen der Einatem kommt und beim Lösen der Ausatem geht.

* Mehrmals wiederholen.

* Nachspüren.

MOMENTAUFNAHME:

BIST DU FÜR DICH SELBST DA?

Sitzschritte

FÜR LEBENDIGKEIT UND VITALITÄT

* Aufrecht auf dem vorderen Teil des Sessels oder des Hockers sitzen.

* Die Sitzbeinhöcker spüren.

* Das Gewicht abwechselnd vom einen, dann auf den anderen Sitzbeinhöcker hin und her verlagern.

* In großen „Schritten" mit den Sitzbeinhöckern nach hinten, an den hinteren Rand des Hockers, gehen.

* In kleinen „Schritten" mit den Sitzbeinhöckern nach vorne, zum vorderen Rand des Hockers, gehen.

* Es bewegt sich hauptsächlich das Becken, der Oberkörper bleibt passiv. Die Schultern bleiben locker. Die Füße stehen auf dem Boden und bewegen sich nicht.

* Mehrere Male auf diese Weise mit den Sitzbeinhöckern nach hinten und nach vorne gehen.

* Den Atem während der gesamten Übung frei fließen lassen.

* Zum Schluss nachspüren.

Oberkörper nach vorne schwingen

FÜR WACHHEIT UND RÜCKHALT

* Aufrecht stehen. Die Füße sind hüftknochenbreit und parallel. Die Augen sind geöffnet.

* Die Arme mit lockeren Ellbogen- und Handgelenken gleichzeitig heben.

* Den Oberkörper nach unten schwingen lassen. Dabei leicht in die Knie gehen, den Kopf hängt locker herab.

* Die Arme schwingen weiter bis nach hinten und oben.

* Nun schwingt der Oberkörper wieder nach oben, bis du aufgerichtet stehst.

✱ Auch die Arme schwingen zurück in die Ausgangshaltung.

✱ Beim Hinunterschwingen einatmen. Beim Hinaufschwingen ausatmen.

✱ Auf einem stimmlosen „Huh" ausatmen.

✱ Zuerst im Stehen, dann im Sitzen nachspüren.

Unterkiefer lockern

FÜR GELASSENHEIT UND GEDANKENRUHE

✱ Aufrecht sitzen. Die Füße haben guten Bodenkontakt. Die Augen sind geschlossen.

✱ Mit den Handwurzeln beide Kiefergelenke massieren.

✱ Den Unterkiefer loslassen, der Mund öffnet sich leicht.

✱ Mit den Handwurzeln deutlich über die Wangen (zwischen den Zahnreihen) bis zum Kinn streichen.

✱ Den Unterkiefer nach hinten ausstreichen.

✱ Die Hände wegnehmen.

✱ Den Unterkiefer passiv (von alleine) fallen lassen.

✱ Den Unterkiefer locker hängen lassen.

✱ Mit aktiver Hand den passiven Unterkiefer hinaufschieben.

✱ Den Unterkiefer wieder passiv fallen und hängen lassen.

✱ Den Unterkiefer erneut mit aktiver Hand hinaufschieben.

✱ Während der gesamten Übung darauf achten, dass die Bauchmuskeln locker bleiben.

✱ Den Atem frei fließen lassen.

✱ Nachspüren.

Marionette

FÜR DAS GEFÜHL VON INNERER WEITE, VON RÜCKHALT UND FLEXIBILITÄT

✱ Aufrechter Stand. Die Füße stehen parallel und hüftknochenbreit auseinander. Knie, Bauchmuskeln, Schultern und Unterkiefer sind locker.

✱ Einige Atemzüge lang den Kontakt zum Boden spüren.

✱ Vorstellung: An den Ellbogen, Handgelenken und an den Fingern sind Marionettenfäden befestigt – ebenso am Hinterkopf und an jedem einzelnen Wirbel der Wirbelsäule.

✱ Die Ellbogen drehen sich nach außen und werden an den „Fäden" hochgezogen. (Die Schultern bleiben dabei entspannt, sie wandern nicht nach oben!)

✱ Die Handgelenke werden hochgezogen.

✱ Alle zehn Finger werden hochgezogen und richten sich auf.

✱ Blick nach vorne, der Nacken ist locker.

✱ In dieser Haltung die innere Weite wahrnehmen.

✱ Nun die Bewegungen mit einem kleinen, schlampigen „f" verbinden:

✱ Zuerst fallen die Hände nach unten.

✱ Nach jedem Fallenlassen einen Moment lang warten, bis der Einatem von allein einströmt.

✱ Ausatmen auf „f": Die Unterarme fallen nach unten.

✱ Warten, bis der Einatem von allein einströmt.

✱ Ausatmen auf „f": Die gesamten Arme fallen nach unten.

✱ Warten, bis der Einatem von allein einströmt.

✱ Ausatmen auf „f": Der Kopf überlässt sich der Schwerkraft und sinkt nach unten.

✱ Warten, bis der Einatem von allein einströmt.

✱ Ausatmen auf „f": Der Brustkorb überlässt sich der Schwerkraft und sinkt nach unten.

✱ Warten, bis der Einatem von allein einströmt.

✱ Ausatmen auf „f": Kopf und Brustkorb sinken Wirbel für Wirbel nach unten.

✱ Knie leicht beugen, Arme und Nacken locker lassen. Einige Atemzüge lang nach vorne gebeugt hängen.

✱ Das Aufrollen mit einem langen „F" begleiten: Vom Steißbein beginnend rollen sich Kreuzbein, Lendenwirbelsäule, Brustwirbelsäule und Halswirbelsäule auf. Schultern und Kopf richten sich zuletzt auf.

✱ Aufrecht stehen und nachspüren.

✱ Als Variationsmöglichkeit kannst du beim Nach-vorne-Fallen das „F" durch den undefinierten Laut „Haha“ ersetzen. Lass für dein „Haha“ den Unterkiefer locker hängen und stell dir vor, dass der Ton aus deinem Beckenboden aufsteigt. Beim Aufrollen kannst du ein langes „M“ tönen. Leg dafür die Lippen locker aufeinander und stell dir vor, dass es der Ton ist, der deine Wirbelsäule aufrichtet.

Abschluss: „A“ tönen

Das „A“ entsteht in unserer Mitte und breitet sich weit über unsere Grenzen hinaus aus. Bei einigen Völkern gilt das „A“ als Urlaut göttlicher Natur, der Leben erschafft. Der Vokal „A“ umfasst den gesamten menschlichen Körper im Abstand von etwa 30 cm über diesen hinaus – und zwar an den Seiten, über dem Kopf und unter den Füßen. Den Raum kannst du dir wie die Schale eines Eis vorstellen. Das „A“ stärkt, schützt, bringt uns zu unseren eigenen Kräften und unterstützt uns bei der Sammlung.

✱ Aufrecht und hüftknochenbreit mit gutem Kontakt zum Boden stehen. Knie, Schultern und Bauchmuskeln sind locker.

✱ Beim Einatmen leicht in die Knie gehen. Der Oberkörper bleibt dabei gerade, lediglich das Becken „zieht“ nach unten.

✱ Beim Ausatmen hochkommen, indem du dich mit den Füßen vom Boden wegdrückst.

✱ Die Bewegung nach oben zuerst mit einem Ausatmen auf „schschsch“ verbinden.

✱ Das „Sch“ schließlich in Ton verwandeln und beim Hochdrücken in mittlerer Lage ein „A“ tönen.

✱ Wichtig: den Unterkiefer lockerlassen und die Lippen zu einem deutlichen „A“ formen und überdeutlich artikulieren.

✱ In der aufgerichteten Haltung die Einatempause abwarten; danach beim Einatmen erneut in die Knie gehen und auf „aaa“ hochkommen.

✱ Mehrmals wiederholen.

✱ Zuerst im Stehen, dann im Sitzen nachspüren.

Übungssequenz 2

Körperreise

Siehe Beschreibung auf Seite 173.

Dehnen

FÜR WOHLGEFÜHL, WACHHEIT UND WEITE

✸ Aufrecht sitzen. Die Füße haben guten Bodenkontakt, Bauchdecke und Schultern sind locker. Oder: aufrechter Stand. Die Füße stehen parallel und hüftknochenbreit auseinander. Knie, Bauchmuskeln und Schultern sind locker. Die Augen sind geöffnet.

✸ In die Sammlung kommen. Mehrmals den rechten Arm nach oben dehnen (nicht strecken!) und wieder lösen.

✸ Beobachte: Wie stellt sich der Atem auf die Bewegung ein? Wahrscheinlich wirst du feststellen, dass beim Dehnen der Einatem kommt und beim Lösen der Ausatem geht. Kurz nachspüren und wahrnehmen: Fühlst du einen Unterschied zwischen den beiden Seiten?

✸ Den linken Arm einige Male nach oben dehnen und wieder lösen. Erneut nachspüren. Was hat das Dehnen in Bezug auf die körperliche Wahrnehmung bewirkt? Gibt es eine Auswirkung auf den Atem? Hat sich deine Stimmung, dein emotionaler Zustand, verändert?

Kopf und Herz verbinden

FÜR WEICHHEIT UND INTUITION

✸ Aufrecht sitzen. Die Füße haben guten Kontakt zum Boden. Die Augen sind geschlossen.

✸ Den Kopf während des Einatmens langsam in Richtung Herz sinken lassen.

✸ Während des Ausatmens den Kopf langsam wieder aufrichten.

✸ Aufgerichtet die Atempause wahrnehmen.

✸ Warten, bis der neue Einatem von selbst in den Körper einströmt, und während des Einatems erneut den Kopf Richtung Herz sinken lassen und beim Ausatmen wieder aufrichten.

✸ Einige Male wiederholen.

✸ Nachspüren.

MOMENTAUFNAHME: BIST DU PRÄSENT?

Becken klopfen und Beine ausstreichen

FÜR GELASSENHEIT UND FLEXIBILITÄT

✸ Aufrecht sitzen. Die Füße haben guten Bodenkontakt, Bauchdecke und Schultern sind locker.

✸ Mit lockeren Fäusten die Beckenrückseite abklopfen.

✸ Danach mit den Händen an den Außenseiten der Beine hinunterstreichen.

✸ Über die Füße streichen.

✸ Wichtig: den Kopf dabei locker hängen lassen.

✸ Über die Innenseiten der Beine wieder nach oben streichen.

✸ Über die Leisten und Flanken wieder zur Beckenrückseite streichen.

✸ Den Atem frei fließen lassen.

✸ Einige Male wiederholen.

✸ Zum Schluss aufrecht sitzen und nachspüren: Wie nimmst du deinen Körper nun wahr? Wo und mit welcher Intensität spürst du deinen Atem?

Beckenkreis

FÜR VITALITÄT UND INNERE BALANCE

✸ Aufrecht sitzen. Die Füße haben guten Bodenkontakt, Bauchdecke und Schultern sind locker.

✸ Die beiden Sitzbeinhöcker spüren.

✸ Das Becken nach hinten sinken lassen.

✸ Das Gewicht des Beckens auf den rechten Sitzbeinhöcker verlagern.

✸ Das Becken nach vorne kippen.

✸ Das Gewicht des Beckens auf den linken Sitzbeinhöcker verlagern.

✸ In ein gleichmäßiges Beckenkreisen kommen, der jeweils entlastete Sitzknochen hebt sich dabei vom Sessel ab.

✸ Den Atem fließen lassen.

✸ Optional: Im Ausatmen ein weiches „L" tönen.

✸ Nach dem Ende des Tons abwarten, bis sich der neue Einatem von allein im Körper ausbreitet

✱ Der Einatem strömt ein, während du weiterkreist.

✱ Nachspüren: Was hat die Übung auf körperlicher Ebene bewirkt? Hat sich der Atem verändert? Wie hat die Übung deine Stimmung beeinflusst?

Alle 3 Kreise der kosmischen Übung

FÜR SELBSTSTÄNDIGKEIT, BESTIMMTHEIT, OFFENHEIT, ZENTRIERUNG, WACHHEIT, DURCHLÄSSIGKEIT UND INSPIRATION

✱ Ablauf: unterer Kreis – oberer Kreis

✱ Mittlerer Kreis

✱ Aufrecht stehen. Die Füße sind parallel und hüftknochenbreit, Knie, Schultern, Bauch-, und Kiefermuskeln sind locker. Die Augen sind geöffnet.

✱ Die Finger beider Hände (außer den Daumen) liegen an den Außenseiten aneinander. Die Fingerkuppen liegen auf dem Oberbauch unterhalb der Brustbeinspitze.

✱ Nach vorne beugen.

✱ Die Finger gerade nach unten bewegen, bis die Arme locker hängen.

✱ Der Nacken ist locker, der Kopf hängt locker herab; leicht in die Knie gehen.

✱ Kopfüber hängend mit beiden Händen einen weiten Kreis beschreiben: nach hinten, hinaus zur Seite, nach vorne – bis die Hände sich vor den Beinen erneut berühren.

✱ Aufrichten – von der Lendenwirbelsäule beginnend bis zur Brustwirbelsäule; Schultern und Kopf kommen zum Schluss.

✱ Die Finger liegen dabei wieder an den Außenseiten aneinander, die Fingerkuppen zeigen zum Körper und wandern entlang der Mittellinie hinauf bis zu ihrer Ausgangsposition unterhalb der Brustbeinspitze.

✱ Der Einatem kommt beim Nach-vorne-Beugen, der Ausatem geht beim Aufrichten.

✱ Auf einem langen „F" oder auf einem stimmlosen „Huh" ausatmen.

✱ Die Fingerkuppen beider Hände (außer die Daumen) liegen mit der Außenseite aneinander auf dem Oberbauch unterhalb der Brustbeinspitze.

✱ Die Fingerkuppen bewegen sich an Brustbein, Hals und Gesicht entlang über den Kopf hinauf nach oben.

* Der Blick folgt den Händen nach oben, der Kopf neigt sich leicht nach hinten.

* In dieser Haltung breiten sich die Arme so weit zur Seite aus, dass die Finger diagonal nach oben zeigen. Die Handflächen zeigen nach vorne.

* Die Hände streichen nach unten, über Gesicht, Hals und Brustbein, in die Ausgangshaltung.

* Die Fingerkuppen liegen nun wieder auf dem Oberbauch. Der Kopf ist wieder gerade.

* Der Einatem kommt, während du dich nach oben öffnest, der Ausatem geht, während du in die Ausgangshaltung zurückkehrst.

* Auf einem langen „F“ oder auf einem stimmlosen „Huh“ ausatmen.

* Die Finger beider Hände (außer den Daumen) liegen an den Außenseiten aneinander. Die Fingerkuppen liegen auf dem Oberbauch unterhalb der Brustbeinspitze.

* Die Hände nach vorne bewegen und die Arme zur Seite ausbreiten.

* Darauf achten, dass die Hände in Höhe des Oberbauchs bleiben und nicht zu hoch hinaufgezogen werden. Die Schultern bleiben locker.

* Die Arme zur Mitte zurückbewegen, sodass die Fingerkuppen wieder den Oberbauch berühren.

* Öffne dich bewusst und nimm dir Raum und kehre danach wieder in deine Mitte zurück.

* Beobachte deinen Atem: Wahrscheinlich kommt der Einatem während der Öffnung und der Ausatem beim Zurückführen der Arme.

* Variation: Den Ausatem auf einem langen „F“ oder auf einem stimmlosen „Huh“ ausströmen lassen.

* Den gesamten Bewegungsablauf unterer Kreis – oberer Kreis – mittlerer Kreis mehrmals wiederholen.

* Im Stehen nachspüren.

* Im Sitzen nachspüren.

Abschluss: „A“ tönen

Siehe Beschreibung auf Seite 178.

ABENDÜBUNG Wofür bist du heute dankbar?

REZEPTE für Hingabe und Zufriedenheit

VEGANES MOUSSAKA

Sorgt für ein wohlig-warmes Bauchgefühl! Ich liebe Gerichte, die man einfach in den Backofen schieben kann. Während das Moussaka im Ofen vor sich hin bäckt, hat man Zeit für andere wichtige Dinge. Da ich persönlich nicht so gerne Fleisch esse, mache ich mein Moussaka immer vegan. Du kannst aber natürlich statt der Sojaschnetzel Faschiertes verwenden! Der im Moussaka enthaltenen Melanzani wird eine heilende Wirkung nachgesagt. Sie soll sich positiv auf Rheuma, Ischias und Nierenleiden auswirken und die Verdauung fördern.

ZUTATEN FÜR 4 PORTIONEN

800 G KARTOFFELN ✱ 2 MELANZANI ✱ MEERSALZ ✱ OLIVENÖL ✱ 2 TL GEREBELTER ROSMARIN ✱ 200 G FEINE SOJASCHNETZEL ✱ 6 EL SOJASAUCE ✱ 4 EL TOMATENMARK ✱ 1 TL HEFEEXTRAKT ✱ 2 ZWIEBELN ✱ 3 KNOBLAUCHZEHEN ✱ 400 G GESCHÄLTE TOMATEN AUS DER DOSE ✱ FRISCH GEMAHLENER PFEFFER ✱ GETROCKNETER OREGANO ✱ 2 TL ZIMT ✱ 70 G (VEGANER) SCHNITTKÄSE ✱ 2 EL (VEGANE) BUTTER ✱ 2 EL MEHL ✱ 500 ML HAFERMILCH ✱ MUSKAT

ZUBEREITUNG

Den Backofen auf 220 Grad vorheizen. Die Kartoffeln schälen, die Melanzani waschen, trocknen und beides in ca. 4 mm dicke Scheiben schneiden. Ein Backblech mit Backpapier auslegen und dieses mit Olivenöl bepinseln. Die Kartoffel- und Melanzanischeiben darauf verteilen, salzen, mit Olivenöl beträufeln und mit Rosmarin bestreuen. Ungefähr 20 Minuten im Ofen backen.

Die Sojaschnetzel in einem Topf mit 2 Liter kaltem Wasser zum Kochen bringen; einige Minuten lang ziehen lassen, bis die Schnetzel weich sind. Anschließend unter fließendem kaltem Wasser gründlich auswaschen, bis das Wasser fast klar ist. In einem Sieb abtropfen lassen.

Sojaschnetzel in den Topf zurückgeben und so viel Wasser hinzufügen, dass sie noch nicht ganz mit Wasser bedeckt sind. 2 EL Sojasauce, 2 EL Tomatenmark, 2 TL Salz und das Hefeextrakt dazugeben; alles gut verrühren und zum Kochen bringen. Einmal aufkochen und mindestens 15 Minuten ziehen lassen.

In einer Pfanne ein wenig Öl erhitzen und die Sojaschnetzel darin etwa 10 Minuten anbraten. Währenddessen Zwiebeln und Knoblauch schälen und hacken.

In einer zweiten Pfanne Zwiebeln und Knoblauch in heißem Olivenöl glasig dünsten. Die Sojaschnetzel mit der restlichen Sojasauce ablöschen, salzen und das restliche Tomatenmark dazugeben. Die Tomaten und die gedünstete Zwiebel-Knoblauch-Mischung einrühren; eventuell noch ein wenig Wasser hinzufügen. Alles gut verrühren. Mit Pfeffer, Oregano, Zimt und eventuell noch ein wenig Salz würzen. 10 Minuten köcheln lassen.

Ein Drittel der Sauce in eine mit etwas Olivenöl eingeriebene Auflaufform gießen und die gebackenen Kartoffelscheiben darüber verteilen. Das zweite Saucendrittel auf die Kartoffeln streichen und die Auberginenscheiben darauf verteilen. Mit der restlichen Sauce bestreichen.

Den (veganen) Schnittkäse reiben. Die (vegane) Butter in einem Topf schmelzen lassen und mit dem Mehl verrühren. Vom Herd nehmen und die Hafermilch einrühren. Zurück auf der Platte etwa 10 Minuten unter ständigem Rühren köcheln lassen. Mit Salz, Pfeffer und Muskat würzen. Den Käse in der Béchamelsauce schmelzen.

Die Béchamelsauce auf dem Moussaka verteilen und das Ganze noch etwa 20 Minuten lang überbacken.

BEERENRAGOUT

Beeren sind kleine Vitaminbomben. Sie enthalten viele gesunde Stoffe, die den Stoffwechsel in Schwung halten und die Zellen des Körpers schützen. Beeren haben eine entzündungshemmende Wirkung, beugen Herz-Kreislauf-Erkrankungen vor und stärken die Immunabwehr.

ZUTATEN

HIMBEEREN * HEIDELBEEREN * BROMBEEREN (MENGE JE NACH BELIEBEN) * HONIG ODER AGAVENDICKSAFT * 1 TL MAIZENA

ZUBEREITUNG

Die Beeren in einen Topf geben und erhitzen. Mit Honig oder Agavendicksaft süßen. Maizena in ein wenig Wasser anrühren und in die kochende Fruchtmasse geben. Kurz aufkochen lassen. Eventuell mit Vanilleeis servieren.

VOGERLSALAT MIT ZIEGENKÄSE UND GRANATAPFELKERNEN

Ein einfacher und eleganter Salat mit dem ganz speziellen Twist nach einem Rezept meiner Freundin Gundi. Der Granatapfel gilt übrigens als die älteste Heilfrucht der Menschheit und ist ein Symbol für Fruchtbarkeit, ewige Jugend, Schönheit und Liebe. Er hat eine ausgeprägte antioxidative Wirkung und ist somit eine wahre „Anti-Aging-Frucht". Außerdem schützt er vor Bluthochdruck und verbessert die Durchblutung der Herzkranzgefäße. Angeblich bekommt, wer regelmäßig Granatapfelkerne isst, eine schöne Haut, schöne Haare und Nägel, gute Stimmung und Lust auf Liebe!

ZUTATEN FÜR 4 PORTIONEN

120 G VOGERLSALAT ✱ 4 TALER ZIEGENKÄSE ✱ GRANATAPFELKERNE (MENGE JE NACH BELIEBEN) ✱ VINAIGRETTE (SIEHE REZEPT AUS DEM KAPITEL „INSPIRATION") ✱ FRISCH GEMAHLENER PFEFFER

ZUBEREITUNG

Vogersalat putzen, gründlich waschen und gut abtropfen lassen. Vinaigrette zubereiten und Ziegenkäse in Stücke schneiden.

Vogerlsalat, Vinaigrette, Ziegenkäse vorsichtig vermischen; mit den Granatapfelkernen bestreuen. Das Ganze mit frisch gemahlenem Pfeffer würzen. Fertig!

BROMBEERE-ORANGEN-SMOOTHIE

Brombeeren werden „der Star unter den Beeren“ genannt; ihren Blättern wird sogar heilende Wirkung nachgesagt. Auf jeden Fall enthalten sie viel Vitamin C und sind daher immunstärkende Powerbeeren!

ZUTATEN

¼ ANANAS ✱ 175 G BROMBEEREN (FRISCH ODER GEFROREN) ✱ 125 FRISCH GEPRESSTER ORANGENSAFT ✱ 1 TL KLEINGEHACKTER FRISCHER INGWER ✱ 2 TL HONIG ✱ 1 SPRITZER FRISCHER ORANGENSAFT ✱ EINE PRISE CAYENNEPFEFFER

ZUBEREITUNG

Alles in den Mixer geben und pürieren.

LIEBE

Ich Kraft bedeutet Selbstliebe. Ein großes Wort, ich weiß. Jedoch beginnt jede Form der Liebe genau hier: bei der Liebe, die du für dich selbst empfindest. Vielleicht wurde dir im Leben schon einmal gesagt oder suggeriert, dass du nicht passt, so wie du bist. Dass du nicht klug genug bist, nicht schön genug, nicht schlank genug. Nicht elegant genug gekleidet, nicht ausreichend sportlich, gebildet, kulturell interessiert, weltgewandt, ordentlich, erfolgreich, kreativ - oder was auch immer. Irgendwann hast du vielleicht sogar begonnen, dies alles selbst zu glauben, und deine Ich Kraft ist weniger geworden. Es könnte sein, dass du an diesem Punkt begonnen hast, zu hoffen, von jemand anderem die Bestätigung zu bekommen, die du dir selbst nicht mehr geben konntest. Vielleicht wolltest du von diesem Menschen hören, dass du einzigartig, besonders und liebenswert bist, um all dies selbst endlich wieder glauben zu können. Die Wahrheit aber ist: Was wir uns selbst nicht geben können, finden wir auch im Außen nicht. Mit Fragen verhält es sich ähnlich. Tauchen diese in uns auf, unternehmen wir die ausgefallensten Dinge, um Antworten zu finden. Wir lassen uns die Karten legen und aus der Hand lesen und befragen Kristallkugeln, Wahrsager und Horoskope. Wir suchen Rat bei Freunden, Bekannten, Kollegen und Nachbarn und hören deren Sicht der Dinge, um herauszufinden, was das Beste für uns ist. Ja, und manchmal fliegen wir gar um die halbe Welt, weil wir auf der Suche nach Antworten sind. Um letztendlich zu erkennen, dass dies gar nicht nötig gewesen wäre. Wir müssen auch niemanden fragen, denn wir selbst tragen die Wahrheit immer schon in uns. Die Frage ist nur, wann wir bereit sind, diese zu erkennen, weil es Kraft brauchen könnte, die Konsequenzen, die sich daraus ergeben, zu ziehen.

Die 42 Tage, die du dir geschenkt hast, um die Beziehung zu dir neu zu entdecken und deine Ich Kraft zu stärken, werden in deinem Leben etwas verändern. Steigt das Maß deiner Ich Kraft, nimmt auch die Häufigkeit der großen und kleinen Wunder, die dir begegnen, zu. Dies ist eine Tatsache, die dem Gesetz der Resonanz unterliegt. Wir ziehen immer das an, was wir selbst sind, wodurch das, was in uns ist, durch den anderen verstärkt wird. Mangel zieht Mangel an, Fülle zieht Fülle an. Ichschwache Menschen ziehen Ichschwache Menschen an und erhoffen sich von diesen die Anerkennung und Liebe, die sie sich selbst nicht geben können; was natürlich nicht funktioniert und die Selbstzweifel weiter wachsen lässt. In der Folge büßen sie so mehr und mehr an Kraft ein und die Spirale bewegt sich nach unten. Menschen, deren Ich Kraft stark ausgeprägt ist, ziehen hingegen Menschen an, bei denen dies ebenfalls der Fall ist, und werden dadurch noch stärker.

Hör dir zu. Beobachte dich. Erspüre den Unterschied zwischen den Menschen und Situationen, die dich von dir selbst wegbringen, und jenen, die dich näher an deinen ureigenen Wesenskern heranführen. Lerne, zwischen den Wünschen deines Egos und den Bedürfnissen deines wahren Selbst zu unterscheiden. Nimm dir die Zeit, die du brauchst, um dir alles genau anzusehen. Frag dich, ob sich die Situation, in der du dich befindest, wirklich gut anfühlt und ob du wirklich glücklich bist.

Kannst du diese Frage nicht aus vollem Herzen und zu hundert Prozent mit JA beantworten, gibt es letztendlich nur eine einzige Möglichkeit: Handle! Übernimm die Verantwortung für dich und dein Leben, denn du allein bist dafür verantwortlich. Geh dorthin, wo du sein möchtest, und sei, mit wem DU sein möchtest, damit du die Person sein kannst, die du sein willst. Indem du NEIN sagst zu etwas, das dir nicht guttut, sagst du JA zu dir. Das einzig Beständige im Leben ist die Veränderung und die Tatsache, dass du immer dich selbst haben wirst. Also achte gut auf deine Beziehung zu dir! Halte dich nicht zu lange bei der düsteren Seite der Dinge auf, sondern erkenne das Schöne an ihnen und fang an, darauf aufzubauen. Akzeptiere es, wenn sich eine Tür schließt, und sieh dir an, welche andere du stattdessen öffnen kannst. Und sei immer neugierig genug, um zu neuen Horizonten aufzubrechen!

Es geht nicht darum, die Liebe zu suchen, sondern vielmehr darum, sämtliche Barrieren zu finden, die wir im Inneren gegen den Ansturm der Liebe aufgebaut haben.

RUMI

DANIELA ZELLER

Daniela Zeller wurde 1976 in St. Pölten geboren und lebt in Wien.

Sie ist Kommunikationsexpertin, akademische Atempädagogin (fh gesundheit Tirol), Stimm- und Sprechtrainerin, systemischer Coach, Moderatorin, Vortragsrednerin und Autorin. Bekannt wurde sie im Ö3-Wecker, in dem sie von 2000 bis 2011 zu hören war. 2012 gründete sie in Wien FREIRAUM Kommunikation, das Institut für Managementtraining, Stimme und Persönlichkeitsentwicklung.

www.danielazeller.com

Das „42 Tage voller Wunder"-Übungsprogramm für mehr Ich Kraft mit Daniela Zeller gibt es auch als Workshop und Einzeltraining in ganz Österreich, Deutschland und in der Schweiz. Infos findest du auf

www.freiraum-kommunikation.at

DANKE

Danke an meine Eltern für Liebe, Vertrauen und Freiraum.

Danke an Emilia, Theodor und Mimi
für so viel Freude in meinem Leben.

Danke an Astrid, Claudia, Gundi, Katharina, Mariella, Silvana,
Stèphanie, Andreas und Christoph – für ganz einfach alles!

Danke an mein Team von FREIRAUM Kommunikation
für den spannenden gemeinsamen Weg.

Danke an all meine Seminarteilnehmerinnen und -teilnehmer
sowie Kundinnen und Kunden,
die mir seit vielen Jahren ihr Vertrauen schenken und
mit denen ich wertvolle Momente erleben darf.

Danke an Maria Zeller und Gundi Lamprecht
für die vielen tollen Rezeptvorschläge.

Danke an die Physio- und Atemtherapeutin
Katharina Neukirchner für den fachlichen Austausch.
(www.bodylike.at).

C.G. JUNG
Psychologische
Typen

LITERATUR

- Bergauer, Ute G.: Praxis der Stimmtherapie; *Springer Medizin Verlag, Heidelberg*
- Faller, Norbert: Atem und Bewegung. Theorie und 111 Übungen; *Springer Wien/NewYork*
- Höller-Zangenfeind, Maria: Stimme von Kopf bis Fuß. Ein Lehr- und Übungsbuch für Atmung und Stimme nach der Methode Atem – Tonus – Ton; *Studienverlag, Innsbruck*
- Menche, Nicole: Biologie, Anatomie, Physiologie; *Urban & Fischer, München*
- Middendorf, Ilse: Der erfahrbare Atem. Eine Atemlehre; *Junfermann Verlag, Paderborn*
- Ogden, Pat: Sensorimotor Psychotherapy. Interventions for Trauma and Attachment; *Norton & Company, New York*
- Röcker, Anna Elisabeth: Beckenboden – Das ganzheitliche Übungsprogramm; *Heinrich Hugendubel Verlag, Kreuzlingen/München*
- Van Gestel, Arnoldus; Teschler, Helmut: Physiotherapie bei chronischen Atemwegs- und Lungenerkrankungen; *Springer Medizin; Springer-Verlag Berlin Heidelberg*
- Zeller, Daniela: Reden. Bewegen. Wirken. Rhetorik- und Stimmtraining für jeden Redetyp; *Ecofit, Wien*
- Zeller, Daniela: So werden Sie gehört – Richtig reden, professionell präsentieren, authentisch auftreten; *Verlag Carl Ueberreuter, Wien*